Ao Seu Lado

Adriana de Souza L. Eugenio

Espírito Melina

Ao Seu Lado

Aliança

1ª edição, Novembro/2015, do 1º ao 5º milheiro.

TÍTULO
Ao Seu Lado

AUTOR
Adriana de Souza L. Eugenio / Melina

REVISOR
Roberto de Carvalho

DIAGRAMAÇÃO
Ariane Haas Franco

CAPA
Ariane Haas Franco

IMPRESSÃO
Rettec Artes Gráficas e Editora Ltda.

FICHA CATALOGRÁFICA

Dados Internacionais de Catalogação na Publicação (CIP)
(Câmara Brasileira do Livro, SP, Brasil)

Melina (Espírito).
Ao Seu Lado / espírito Melina;
[psicografado por] Adriana de Souza L. Eugenio. --
São Paulo : Editora Aliança, 2015.

ISBN 978-85-8364-024-0

1.Espiritismo 2. Psicografia 3.Romance espírita
I.Eugenio, Adriana de Souza L. II. Título.

15-10314 CDD-133.9

ÍNDICE PARA CATÁLOGO SISTEMÁTICO

1. Romance espírita psicografado: Espiritismo 133.9

EDITORA ALIANÇA
Rua Major Diogo, 511 - Bela Vista - São Paulo - SP
CEP 01324-001 | Tel.:(11) 2105-2600 | Fax: (11) 2105-2626
www.editoraalianca.com.br | editora@editoraalianca.com.br

Sumário

O palco estava todo iluminado com os grandes refletores.

A banda posicionada, cada integrante com seu instrumento.

Fogos de artifício coloriam o céu.

Era maravilhoso!

Meu nome é Melina, tenho 16 anos e estava na plateia junto com milhares de fãs para ver meu ídolo.

Era o primeiro show que eu assistia, só não sabia que também seria o último da minha vida.

A Descoberta

Mamãe entrou em meu quarto pela primeira vez após o show, ela não falava mais comigo. Não entendia sua atitude, não tinha feito nada errado. Afinal, foi ela quem permitiu que eu saísse.

Minha cabeça doía muito, aproximei-me dela na esperança de que ao ver-me doente, ficasse preocupada e parasse de me ignorar. Falei:

— Mamãe, por favor, fale comigo. Sinto um mal-estar insuportável.

Ela não respondeu e continuou a me ignorar. Era como se eu não existisse. Mamãe sentou-se à beira de minha cama e desabou a chorar.

Fiquei agoniada. O que eu tinha feito de tão grave? Tentei novamente falar com ela:

— Mamãe, me perdoe se te magoei. Não chore, por favor. O que eu fiz de tão grave? – perguntava insistentemente.

Ela não respondeu. Por que estava tão insensível?

Não suportava mais ser desprezada. Minhas forças esgotaram e as lágrimas começaram a escorrer por minha face. Minhas pernas amoleceram e precisei sentar-me no chão. Fiquei ali parada, olhando-a e me sentindo horrível.

Repentinamente, num acesso de fúria, mamãe levantou-se e arrancou o pôster de Adam que estava colado em minha parede. Era dele o show que assisti. Fiquei irritada por ela destruir minhas coisas. Sequei minhas lágrimas e gritei com ódio.

— Pare!

Ela não respondeu e continuou a me ignorar, mas parou de rasgar meu pôster e saiu.

Fiquei chocada! Adam era minha vida; como ela podia ser tão perversa e tentar acabar com meu sonho?

Sabia que Adam era um artista que nem sequer sabia de minha existência, mas não podia controlar, estava apaixonada.

Seus cabelos castanhos claros e olhos verdes me encantavam. Embora não tivesse um físico atlético, era perfeito. Atuou em vários filmes e gravou muitos CDs. Suas músicas eram românticas, sempre falava de amor. Ele tinha 21 anos, era mais velho do que eu, mas me fascinava. Precisava dele por perto, ainda que fosse por meio de fotos e músicas. Era como se eu não respirasse sem Adam.

Precisava me acalmar, talvez mamãe não estivesse bem. Pensei em falar com papai, mas me dei conta de que eu não o via há algum tempo. Será que era essa a razão de minha mãe estar tão estranha? Papai foi embora, nos abandonou.

Olhei para o pôster rasgado no chão, cortou meu coração. Se ela e papai tinham brigado, não era minha culpa. Era uma injustiça me tratar daquela forma.

Decidi não me intrometer na briga deles, permaneceria em meu quarto.

Aquele lugar tão pequeno era o meu mundo, onde eu permanecia a maior parte do tempo. Sobre minha cama havia almofadas com o rosto de Adam e na penteadeira vários retratos. Também tinha um álbum que eu confeccionei com centenas de fotos dele, desde o início da carreira. Sonhava um dia poder lhe mostrar.

Possuía a coleção completa de CDS e quase todos os filmes em que ele atuou. Chaveiros, *buttons*, camisetas, canetas, enfim tudo o que tivesse seu rosto ou nome, eu comprava. Todos os meus pensamentos eram direcionados ao Adam. Não me importava com os garotos de minha idade.

Algumas pessoas me achavam estranha por causa da minha fixação por ele. Isso não me importava, eu era feliz assim.

Embora muitas garotas da minha idade só se importassem com a aparência e em estar na moda, eu era uma garota tranquila e não gostava de me expor. Usava roupas simples, sem decotes, também não era adepta a usar saias curtas. Meus cabelos eram pretos e longos e usava franja; não era muito vaidosa, mas adorava a cor dos meus olhos, azul celeste.

Em meio aos meus pensamentos, ouvi a campainha tocar. Mamãe abriu a porta e uma voz diferente falou. Fiquei curiosa e fui ver quem era. Assustei-me ao constatar que era um policial.

Escondi-me atrás da porta para que mamãe não percebesse que eu estava escutando, não queria que ela se zangasse mais. O policial começou a falar:

— Bom dia, senhora.

— Bom dia – respondeu mamãe, receosa.

— Dona Estela?

— Sim, sou eu.

— Sou o policial Ferreira e faço parte da equipe que está investigando o desaparecimento de sua filha.

— Você tem alguma notícia? Já a encontraram? – perguntou mamãe, aflita.

Fiquei confusa. A que filha eles se referiam?

— Acho que as notícias não são boas, senhora, mas antes de confirmar qualquer informação, gostaria que viesse comigo.

— Ir com você, aonde? Não me esconda nada. Que informação é essa?

— Encontramos um corpo com a mesma descrição que passaram de sua filha. Preciso que faça o reconhecimento.

O que aquele policial estava dizendo? Eu era filha única. Será que mamãe teve outra filha e nunca me contou?

— Você está me dizendo que Melina pode estar morta? – perguntou mamãe, nervosa.

Espere! – pensei. – Eu sou Melina. Ele está dizendo que encontraram meu corpo, mas estou em casa, mamãe sabe disso. Esteve comigo no quarto há pouco.

— Infelizmente, há grande chance de ser Melina.

Mamãe empalideceu e foi desfalecendo. O policial a amparou. Levou mamãe até o sofá e lhe trouxe água.

— A senhora quer que eu a leve para o hospital? - perguntou o policial, penalizado.

— Não. Preciso saber a verdade agora. Ver com meus próprios olhos. Preciso avisar meu marido.

— Não se preocupe, senhora, outro policial já foi até o trabalho de seu marido para avisá-lo.

— Então podemos ir.

Só pode ser brincadeira. Será que mamãe inventou essa história por que papai foi embora de casa e ela quer que ele fique com remorso? Talvez eu devesse ir até o policial e acabar com essa farsa? Pensando melhor, não, mamãe poderia ser punida por ter mentido. E agora?

Ainda que tentasse compreender as razões de mamãe, não podia compactuar com aquela loucura. Então tomei uma decisão: ir até o local que o policial a estava levando.

Entrei sem que percebessem e fiquei escondida no banco de trás do carro. Assim que encontrasse papai, lhe mostraria que estava bem.

Estava com dúvida se fazia a coisa certa. E se o policial se zangasse com mamãe? Eu precisava ser discreta, não queria prejudicá-la, por mais que ela estivesse errada.

Mamãe olhava pela janela, sem dizer uma palavra. Acho que demorou quase uma hora até que o policial estacionasse o carro. Era um lugar horrível, com uma placa na entrada, escrito “Instituto Médico Legal”.

Esperei que eles entrassem. A porta da viatura ficou destravada e a janela aberta, e eu consegui sair. Passei despercebida pelas pessoas que lá estavam, nem me notaram.

Mamãe estava com o policial numa sala com gavetas grandes. Papai já estava lá. Pensei em correr e abraçar papai e chorar em seus braços e lhe contar tudo o que mamãe fizera comigo, mas consegui me controlar.

Continuei parada atrás da porta, olhando por uma fresta. Um homem vestido de branco abriu uma das gavetas e pediu que papai e mamãe se aproximassem.

Havia alguém lá dentro. Mamãe olhou e começou a gritar. Papai a amparou. Será que ele pensava que era eu? Não deve ter olhado bem, mas a pessoa devia ser muito parecida comigo.

Saí detrás da porta e corri até ele para mostrar que eu estava bem. Quando me aproximei, fui tomada pela curiosidade; algo me impulsionava a olhar. Não resisti, precisava saber quem estava na gaveta e se realmente ela era tão parecida comigo a ponto de confundir papai. Olhei.

Fiquei em choque. Começaram a passar em minha mente cenas incompletas, sem sentido. Era eu. Como é possível eu estar ali deitada e em pé ao mesmo tempo? Senti uma vertigem, o mal-estar voltou. Olhei para as minhas pernas e estavam sangrando. Minha cabeça começou a doer insuportavelmente e tudo pareceu a girar ao meu redor.

Gritei desesperada por meus pais, mas eles pareciam não me ouvir.

— O que está acontecendo? – gritava aos prantos, quando notei uma senhora aproximar-se e me chamar pelo nome.

— Melina.

Era a primeira pessoa que falava comigo. De início não a reconheci, mas aos poucos a imagem foi ficando nítida. Senti um calafrio, era minha avó Pietra, falecida há anos.

Na hora minha voz não saía. Queria sair correndo de tanto medo.

— Não precisa ter medo. Ainda sou sua avó.

— Vovó? – perguntei.

— Sim.

— A senhora não pode estar aqui, está morta.

— Morta? A morte nada mais é do que uma passagem, eu continuo sendo a mesma pessoa, com os mesmos sentimentos de carinho e afeto por você.

— Não pode estar aqui falando comigo. Fui ao seu enterro. Eu a vi no caixão.

— Você viu meu corpo físico no caixão. Meu Espírito, que é eterno, já não estava mais naquele local.

— Não é possível. Devo estar ficando louca. Agora há pouco, vi meu corpo naquela gaveta, meus pais me ignoram e agora estou falando com minha avó morta. – suspirei.

— Você não está louca. Logo entenderá tudo. Nosso Espírito é eterno. O que morre é nosso corpo físico.

— Estou com medo. O que quer?

— Não precisa, não vou lhe fazer mal, sou sua avó. Apenas quero conversar com você.

— Não quero conversar com um fantasma, fale com mamãe, ela está ali. – respondi me afastando.

— Ela não pode me ouvir, tampouco me ver. É com você que preciso falar.

— Não se aproxime, não quero falar com a senhora. – gritei, aproximando-me de meus pais.

— Fique calma. – disse vovó, pensativa. — Não irei forçá-la, apenas me responda uma coisa.

— O quê?

— Você se lembra do que aconteceu no show?

— Como sabe sobre o show?

— Como você voltou para sua casa depois do show?

Como ela sabia daquilo? Fiquei em dúvida se vovó estava mesmo morta ou se eu tinha perdido minha sanidade.

— Não me lembro. – respondi.

— Querida, preste bem atenção. Não consegue se lembrar porque você não voltou, ou melhor, seu corpo físico não retornou, apenas seu Espírito.

— Não, está enganada. Eu estava em casa, em meu quarto, hoje mesmo. Apenas não me lembro.

Quanto mais tentava me lembrar, mais aumentava a dor de cabeça.

— Então, por que seu corpo está naquela gaveta, se está aqui conversando comigo?

— Não sei... Ultimamente, as coisas andam estranhas. – Comecei a pensar em tudo o que estava acontecendo e continuei tristemente: — Por que vocês estão fazendo isso comigo? Além de tudo querem me fazer acreditar que morri.

— Melina! Só estou tentando ajudá-la. Precisa compreender o seu verdadeiro estado.

— Está me confundindo ainda mais. Devo ter sofrido algum trauma que me fez perder a memória, por isso não me lembro de nada.

— Depois daquela noite, você conversou com alguém em sua casa? E suas amigas? A escola?

As palavras de Vovó chamaram minha atenção e comecei a pensar. Não saíra do quarto, não me lembrava de ter estado em nenhum outro cômodo da casa, a não ser quando ouvi a voz do policial e fui até a sala. Mamãe não falava comigo. Não encontrava papai. E as refeições? Não lembrava quando foi a última fez que me alimentara. Vendo minha agonia, vovó continuou.

— Sua mãe não está brava com você, simplesmente ela não a vê. Você é um Espírito, como eu. Seu corpo físico está ali, naquela gaveta, sem vida.

— Não!

— Sabe disso, você mesma viu. Querida, você morreu naquela noite.

— Está mentindo.

— Olhe para seus pais. A dor por ter perdido um ente querido. A única filha.

Olhei para meus pais e eles continuavam parados, chorando desesperadamente. Corri até eles, mas não me viram.

— Não posso estar morta, só tenho dezesseis anos.

— Apesar de sua pouca idade, seu tempo na Terra se esgotou.

— Não é justo.

— Venha comigo, posso levá-la para um lugar onde receberá ajuda.

— Não vou a lugar algum com a senhora. Ficarei com a minha mãe.

— Não pode, você irá prejudicá-la. Por favor, venha comigo.

— Se eu for embora, ela sofrerá. Além disso, não sinto vontade de ir a nenhum lugar que não seja a minha casa.

— Aquela não é mais a sua casa, não é mais o seu lugar.

— A senhora está enganada. Vá embora, já disse que não irei.

Virei-me e acompanhei meus pais que voltavam para casa. Como eu poderia deixá-los? Eu estava com medo. Nunca tinha ficado longe deles.

Embora as palavras de vovó tivessem me impressionado, ainda não acreditava. Como poderia estar morta, se continuava a sentir e a pensar da mesma forma? Mais uma vez achei que estivesse enlouquecendo, tendo alucinações. Mesmo que fosse verdade, aquilo não me modificou em nada. Eu ainda era a mesma menina que precisava dos pais e não iria deixá-los.

As Cartas

Chegamos em casa e mamãe foi direto para o meu quarto, abriu uma de minhas gavetas e pegou um álbum, começou a folheá-lo e a chorar novamente ao rever minhas fotos.

Era tão triste vê-la assim, eu a amava muito, não suportava vê-la sofrer. Queria aconchegá-la em meus braços e mandar para longe toda aquela dor. Aproximei-me tentando consolá-la, mas ela rompeu num choro angustiante, uma mistura de dor, saudade e revolta. Tentei acalmá-la, mas isso só fez piorar.

Desesperada, afastei-me e fiquei num canto do quarto a observando, isso fez com que se acalmasse um pouco. Foi somente naquele momento que me dei conta de que vovó poderia ter razão e eu poderia estar morta

Mas, se eu estava mesmo morta, como poderia estar em meu quarto e não me sentir diferente? Eu podia ver, ouvir e falar, mesmo que não me escutassem. Isso não é estar morta. Não deveria ter acabado tudo quando eu fechasse meus olhos para sempre? Ao menos foi assim que meus pais me ensinaram. Que tudo acaba com a morte. Que não existe nada, além disso. E agora o que eu deveria fazer? Eu estava ou não morta?

Os pensamentos me angustiavam, pensei que estivesse ficando louca.

Prestei atenção quando mamãe se levantou, foi até meu armário e o abriu. Ela começou a remexer, me distraí imaginando o que ela procurava.

Primeiro ela pegou minha blusa preferida. Era uma camisa cor-de-rosa, de seda. Ela levou aquele tecido até seu rosto, deduzi que tentava sentir meu cheiro. Andava pelo quarto acariciando cada objeto que encontrava, como se quisesse sentir minha energia ou alguma coisa que diminuísse sua imensa dor.

Sabia que mamãe não queria bisbilhotar, mas me incomodava o fato de ela estar mexendo em meu armário, pois eu guardava um grande segredo.

Mal terminei de formular meu pensamento e meu segredo estava prestes a ser descoberto. Ela voltou ao armário e encontrou uma caixa de madeira, decorada com corações, numa prateleira bem no fundo. Senti vergonha.

Naquela caixa eu guardava muitas cartas que escrevi para Adam e nunca enviei. Em meio a tanta tristeza, achei algo engraçado, da mesma forma que minhas sensações e pensamentos permaneciam os mesmos, o meu amor por ele também continuava inalterado.

Todas as noites, antes de dormir, eu assistia aos filmes protagonizados por Adam e depois ouvia suas músicas.

Quando vi Adam pela primeira vez, senti algo inexplicável, era como se eu tivesse encontrado o que faltava em minha vida e, desse dia em diante, não consegui mais tirá-lo de minha mente. Se eu saísse com meus pais, ficava agoniada para voltar para casa apenas para vê-lo e ouvir sua voz, dependia disso para ser feliz. Eu era totalmente dependente dele. Mamãe dizia que isso não era saudável, que eu deveria sair e ter amizades com pessoas da minha idade.

Contemplando aquele mundo que eu criei dentro do meu quarto, tive a certeza de que não poderia ir embora, não apenas por meus pais, mas também por abandonar todas as lembranças do meu ídolo.

Mamãe abriu a caixa e estranhou ver tantas cartas endereçadas ao Adam. Leu a primeira e a colocou novamente na caixa. Não sei o que ela pensou. Ela nunca entendeu o amor que eu sentia por ele, achava que era uma fixação quase doentia. Mas eu sabia que era amor, e isso bastava.

Nem sei ao certo quantas cartas escrevi. Era estranho, mas eu sentia uma agonia que só melhorava ao escrever. Era como se eu precisasse consolá-lo, protegê-lo.

Sei que parece ridículo, ele era um ator famoso, tinha tudo o que queria e eu era uma pessoa comum que ele nem sequer sabia que existia. No entanto, ao mesmo tempo em que meu coração pedia para enviar as cartas, minha razão dizia que ele jamais chegaria a lê-las e assim o tempo foi passando e nunca tive coragem de enviá-las, mas não deixei de escrevê-las.

Todas as cartas estavam endereçadas para a casa dele, mas sem identificação do remetente, eu apenas assinava como "M".

Olhei para mamãe e ela permanecia sentada em minha cama, segurando a caixa. Inesperadamente ela começou a falar comigo, sem imaginar que eu estava ao seu lado, ouvindo.

— Melina, minha filha, por que você me deixou?

— Eu estou aqui mamãe. – respondi com um grande aperto no peito, mesmo sabendo que ela não me ouviria.

Ela continuou:

— Ah! Tantas cartas você escreveu para esse cantor, quantas coisas lindas, e acabou partindo por causa dele. Nunca deveria ter permitido que você fosse naquele show, nunca. Se eu tivesse prestado mais atenção em seu comportamento, nessa fixação doentia que você sentia por ele. Se eu tivesse mostrado que ele não passava de uma fantasia e que você precisava acordar para o mundo real. Se eu tivesse tido pulso firme, quem sabe você estaria aqui comigo. Viva.

Fiquei penalizada. Não queria que mamãe se sentisse culpada, sempre foi uma pessoa maravilhosa. Além disso, não adiantaria ela me proibir de sonhar com Adam, aquele sentimento era mais forte do que eu. Algumas vezes eu me perguntava por que eu sentia essa forte ligação, chegava a ficar assustada, sabia que não era normal.

Mamãe colocou a caixa no mesmo lugar em que estava, deitou-se em minha cama e eu permaneci ao seu lado até que ela adormecesse.

Tempos depois, o telefone tocou. Era papai. Não ouvi o que ele disse, mas mamãe falou algo sobre velório. Meu velório. Naquele momento, já não tinha mais dúvidas. Eu estava realmente morta.

Papai estava cuidando dos preparativos para o meu funeral. Eu não iria, mesmo querendo confortar meus pais e mostrar-lhe que eu não tinha partido, que podia vê-los e ouvi-los, tinha medo de enlouquecer ao ver a cena do meu enterro.

Tempos depois, papai veio buscar mamãe. Ele estava com meu tio Pedro, seu único irmão. Mamãe era filha única, assim como eu. Nossa família era pequena e tinha ficado ainda menor.

Eles saíram e fui para o meu quarto. Tentei lembrar-me do dia do show. Adam cantando, as fãs gritando seu nome. Se não fosse pelo fato de eu ter morrido, aquele seria o dia mais feliz da minha vida.

Não recordei o que aconteceu depois, aquela era minha última lembrança. Minha mente estava vazia, era como se houvesse um bloqueio. Eu estava confusa. O que teria acontecido comigo? Eu me lembrava da minha infância, de Adam e todos os acontecimentos antes do show, mas era como se os últimos momentos de minha vida tivessem sido arrancados da minha memória.

O policial tinha falado sobre uma autópsia. Precisava ficar atenta, quem sabe assim, recordaria.

Ouvi o barulho da porta se abrindo, eram meus pais que retornavam do funeral. Era estranho, parecia que eles tinham saído há poucos minutos, mas passaram-se horas. Estavam com uma aparência horrível. O sofrimento estampado em seus olhos.

Eles eram jovens, papai tinha 36 anos, era alto, com cabelos e olhos castanhos. Mamãe tinha 35 anos, eu me parecia com ela, cabelos pretos e longos. Formavam um lindo casal, sentia orgulho em tê-los como pais, sempre sorrindo. Eu era tratada com tanto carinho, que mesmo passando pela fase da adolescência não poderia fazer uma única crítica a eles. Papai sentou-se no sofá com o semblante transtornado, pensei ser apenas por causa do funeral, foi então que ele começou a falar:

— Estela, não quis te contar antes do enterro, tive medo que não suportasse.

— Suportar o quê?

— A autópsia foi concluída e já ficou pronto o laudo da polícia.

Papai falava com tanta tristeza, pensei que fosse sufocar com suas próprias palavras.

— O que eles disseram? – perguntou mamãe.

— O corpo dela foi encontrado num terreno baldio, atrás do local do show. Ela morreu devido a uma mistura de drogas que resultou num enfarto. Eles não sabem ao certo qual o tipo, ainda estão analisando a substância encontrada.

— Impossível! Ela nunca usou drogas e também não tomava nenhum medicamento. Eu saberia, é minha filha.

Drogas? Não, não, não. Nunca usei drogas. Como posso ter morrido em razão disso?

— A polícia acha que talvez ela não soubesse o que estava ingerindo. Alguém pode ter colocada na bebida, para que ela ficasse dopada.

— Mas por que ela teve um enfarto? Sempre foi saudável.

— Aparentemente sim, entretanto, descobriram também que ela tinha um problema no coração.

— E como nós nunca percebemos isso?

— Ela nunca teve nenhum sintoma, não poderíamos saber. Eles disseram que podia ser de nascença.

— Por que alguém faria isso com uma menina tão doce, como Melina?

— A polícia disse que... - Papai começou a chorar.

— O que foi? Diga logo?

— Ela foi estuprada.

— Não. Meu Deus!

— Eles não souberam dizer se ela estava consciente no momento.

— Por que fizeram uma crueldade dessas com nossa filhinha?

Mamãe chorava desesperadamente. Papai a abraçou, não sei se era para ampará-la ou se ele quem mais precisava de amparo.

Fiquei perdida, minha cabeça doía, um grande aperto em meu peito surgiu, fiquei enjoada e novamente o sangue escorreu por minhas pernas. Por que eu não me lembrava de nada? Como ingerira a droga? Por que eu estava sangrando? Será que a razão do meu esquecimento era por causa da droga?

— Como vamos continuar vivendo? - perguntou mamãe.

— Eu não sei.

Ficaram ali chorando abraçados.

Eu fiquei sem reação, embora não saibamos como iremos morrer, nunca imaginei que seria dessa maneira tão cruel. Praticamente eu nem saía de casa.

Será normal esquecer o momento de nossa morte ou será que era eu quem não queria lembrar? Precisava de respostas.

Em meio às minhas indagações e desespero, vovó apareceu novamente e começou a falar:

— Melina, sinto muito que tenha descoberto a verdade dessa forma. Você precisa de ajuda. Venha comigo para se recuperar.

— Meus pais estão sofrendo, precisam de mim. E agora, descobri que fui estuprada e possivelmente, assassinada. Por que não lembro como aconteceu? Quem fez isso comigo? – gritei furiosa.

— Não se prenda a isso agora. Não fixe seus pensamentos no que acabou de saber. Precisa sair daqui. Seus pais sofrerão mais, se você continuar. Sentem sua presença e isso faz com que a dor deles se torne insuportável. Sei que sua vida foi tirada na flor da idade e que você quer respostas, mas, nesse momento, pouco importa como desencarnou, precisa de ajuda ou coisas terríveis poderão acontecer com você.

— Não, vovó. Já aconteceram as coisas a que se refere. A senhora não entende, não é? Estou com ódio. Quero descobrir quem fez tamanha crueldade comigo. Além disso, não posso simplesmente deixar tudo para trás e ir embora, ainda tenho os mesmos sentimentos de quando era viva.

— Quando desencarnamos, continuamos a ser os mesmos que éramos quando encarnados. Você apenas deixou o corpo físico. Sua essência continua.

— Eu não posso ir, Vovó. Estou com medo. Tudo é tão estranho para mim. Sinto uma mistura de ódio, tristeza, raiva, solidão...

— Não tenha medo. Eu cuidarei de você.

— Sei que tem boas intenções, é minha avó e quer o meu bem, mas ainda não posso partir. Não estou pronta.

— Não siga um caminho de difícil retorno, perdoe. Não queira perseguir seu algoz.

— A que caminho se refere?

— O da vingança. Não permita que o ódio tome conta de você.

— Minha vida foi tirada violentamente. Quer que eu goste de quem fez isso? Preciso saber como isso aconteceu e por quê?

— Está bem querida, não posso forçá-la a vir. Estarei esperando. Quando estiver pronta, voltarei.

— Vovó?

— Sim.

— É verdade o que disse sobre os meus pais?

— Que eles sofrerão ainda mais se você ficar? Sim, é, cada palavra.

— Eu os amo, não quero causar-lhes mal. Procurarei outro lugar para ficar.

— Não pode ficar vagando, é perigoso. Para onde pretende ir?

— Ainda não sei.

— Tenha cuidado, há lugares em nosso mundo que você nem sequer sonhou.

— Obrigada por me avisar, mas o que poderia acontecer comigo? Já morri mesmo. – respondi rancorosa.

Minha avó não falou mais nada, virou-se com tristeza e desapareceu em seguida.

Um Novo Lar

Passou-se um mês do meu enterro. Vovó tinha razão novamente, a minha presença prejudicava meus pais.

Quando eu me aproximava, era como se o sofrimento deles aumentasse, pensei até que chegavam a sentir as mesmas dores que eu. Tinha que tomar uma decisão. Por mais que eu os amasse, precisava ir embora. Mas, para onde?

Vovó disse que eu deveria ir com ela, mas não estava preparada para deixar definitivamente esse mundo. Para ter paz, precisava descobrir quem acabou com a minha vida e com os meus sonhos.

Sentia-me triste, minha cabeça doía e ficava enjoada constantemente. Pensava onde eu poderia ficar e como descobrir o que aconteceu comigo. Eu precisava permanecer na Terra, contudo não sabia ao certo qual o propósito. Será que era apenas para descobrir o assassino? Estava confusa, sentia que era algo mais profundo que me prendia aqui.

Mamãe estava no sofá assistindo TV, tentando distrair-se. Ela tinha emagrecido muito porque mal se alimentava. Tomava remédios para dormir e mesmo assim acordava de madrugada gritando meu nome. Ah! Eu sofria com ela.

Papai trabalhava até tarde, chegava esgotado e adormecia. Sei que sua atitude era apenas para tentar não pensar no que houve, ocupando sua mente com muitas tarefas.

Olhei para a TV, passava um programa de fofocas. Fiquei parada assistindo, mas longe de mamãe, não queria que ela voltasse a chorar. Uma das reportagens mencionou Adam. Ele estava hospitalizado. Segundo a sua assessoria, estava com estafa, mas os repórteres desconfiavam que ele estava com depressão e que algo grave tinha ocorrido.

Fiquei aflita. Aquelas eram as primeiras notícias que ouvi sobre ele após minha morte. Aproximei-me da TV e minha angústia aumentou, entrei em desespero. Acho que mamãe sentiu minhas energias, porque ela se levantou desesperada, jogou o controle remoto contra a parede e foi para o meu quarto.

Ela abriu o meu armário e pegou novamente minha caixa de cartas. Segurou os envelopes entre as mãos, como se fosse rasgá-los e falava:

— Por culpa desse cantor minha filha se foi.

Tinha que fazer alguma coisa. Ele não tinha culpa e não queria que minhas cartas fossem rasgadas. Lembrei-me do dia em que mamãe rasgou meu pôster e gritei. Ela parou de rasgá-lo como se tivesse me ouvido. Decidi tentar novamente, mas de outra forma. Falei:

— Mamãe, Adam não tem culpa da minha morte. Por favor, não rasgue minhas cartas. Foram escritas com tanto carinho. Não o odeie. Não vê que está doente, precisando de ajuda? Eu queria poder ajudá-lo.

Mamãe foi abaixando as mãos, colocando as cartas sobre a cama, como se estivesse me ouvindo e ficou pensativa.

— Não posso rasgar essas cartas. Acho que eram importantes para Melina. Mas por que ela nunca as enviou? – questionava mamãe. — Quem sabe não teve tempo porque sua vida foi interrompida? E se eu as enviasse? Seria uma forma de manter minha filha viva e fazê-la feliz.

Escolheu uma carta e colocou o restante na caixa.

Lágrimas escorriam pela face de mamãe ao dizer aquelas palavras, mas estas não eram de dor e sim de alívio, como se imaginasse que eu estaria com ela por intermédio das cartas.

Não acreditei que ela estava disposta a enviá-las. Por tanto tempo pensei qual seria a reação de Adam e agora que estava prestes a acontecer, senti medo e curiosidade.

Ah! Se eu pudesse ver a reação dele. Espere. Acho que posso. Ocorreu-me uma ideia, eu poderia ficar ao lado de Adam, saberia se ele gostou ou não das cartas. Isso seria bom, não queria ficar prejudicando meus pais. Adam não me conhecia, não teria problemas.

Voltei para a sala e novamente falavam sobre Adam, mas dessa vez informaram em qual Clínica ele estava internado. Havia centenas de fãs na porta e estavam tentando transferi-lo. Parece que um dos enfermeiros informara os repórteres e fora demitido.

Comecei a pensar em Adam e na clínica onde ele estava e não sei como aconteceu, mas quando percebi já estava lá.

Percorri os corredores até encontrar o quarto em que ele estava e entrei. Adam estava dormindo, fiquei tão emocionada por vê-lo de perto. Comportava-me como uma fã apaixonada. Senti vontade de chorar de emoção.

Depois fiquei parada observando sua respiração. Ele era tão lindo. Senti um aperto ao vê-lo naquela situação.

Estava distraída quando três homens entraram no quarto. Um era jovem, aparentava ter 22 anos. Seus traços lembravam Adam, talvez fosse um parente. O outro era um senhor baixo com cabelos grisalhos, aparentava ter uns 50 anos. Ele gesticulava ao sussurrar. Não gostei dele. O terceiro senhor estava vestido de branco, parecia ser o médico.

Começaram a conversar.

— Adam não pode ficar internado por tanto tempo, temos contratos com datas que devem ser cumpridas. Os prazos têm que ser respeitados, caso contrário ele terá que pagar multas altíssimas – dizia o senhor, irritado.

— Ele está doente. Não se importa com a saúde dele? – retrucou o rapaz, indignado.

— "Frescura" de *pop star*. Só quer chamar a atenção e ser mais paparicado do que o normal.

— Está com depressão. Ele ingeriu uma grande quantidade de medicamentos de uma única vez. Se eu não chegasse a tempo, ele poderia estar morto. E você não teria ninguém para assessorar.

— É, realmente você tem razão. A vida dele é insuportável. Ele tem motivos para estar deprimido. Dinheiro, fama, mulheres, carros luxuosos. A vida dele é muito chata, estou penalizado. – respondeu o homem.

O médico que permanecia em silêncio examinando Adam interferiu na conversa.

— Silêncio! Respeitem o paciente, por favor. Adam apresenta um quadro grave e avançado de depressão. Não é uma "frescura" como o senhor acabou de rotular e sim uma doença que atinge milhares de pessoas, independentemente de ser rico ou pobre, um cidadão comum ou famoso. A depressão compromete não só o lado psíquico, como também o físico. A pessoa não consegue melhorar por sua própria vontade, precisa de um tratamento adequado, e muitas vezes tem que tomar remédios para o resto da vida. Ele não está simplesmente ignorando tudo o que tem porque não se importa, e sim, porque ele não sente prazer, não sente felicidade e isso, vem do seu interior. Ele não consegue controlar. A depressão é uma das principais causas do suicídio e não acredito que pessoas tentem tirar a própria vida apenas por "frescura". Por que foi isso que ele fez. Ele ingeriu aqueles remédios propositalmente.

— Ouviu o que o médico disse? Como pode ser tão insensível? – disse o rapaz.

— Se ele quer continuar fazendo sucesso, precisa se recuperar com urgência. – concluiu o senhor, sem se importar com as palavras do médico.

O doutor pediu licença e retirou-se do quarto, inconformado com a atitude do empresário.

Nossa! Não sabia que pessoas deprimidas podiam tentar o suicídio. O que teria acontecido para deixar Adam nesse estado? Por que ele tentou se matar?

O senhor e o rapaz que permaneciam no quarto ficaram em silêncio, observando Adam que despertava.

— Adam como se sente? – perguntou o rapaz.

— Estaria bem melhor se você não me trouxesse para essa clínica, primo. – respondeu ressentido.

— Não fale bobagens.

— Tem razão. Desculpe-me e obrigado mais uma vez, Roger.

O homem grisalho interferiu na conversa:

— Fico aliviado que esteja melhor, entretanto não tenho tempo para ceninhas, preciso dar satisfações aos nossos contratantes.

— Claro, Estevão. Fique à vontade. Para isso é meu empresário e muito bem pago. – respondeu Adam.

— Sorte sua que sou um empresário eficiente ou já estaria no esquecimento. Toda mídia está rodeando, tentando saber o que houve. Imagine só se vazar a notícia de que você se intoxicou de remédios? Precisa sair logo daqui.

— Não pedi que me trouxessem.

— Além de tudo é mal agradecido. Preciso ir agora, até logo. – despediu-se o homem, irritado.

Roger ficou com Adam, tentando confortá-lo.

— Adam, você precisa se recuperar. Não acabe com sua vida e sua carreira. Desde criança você tem essas crises de tristeza profunda. Não consigo entender.

— Não consigo controlar. É como se eu estivesse preso e quisesse me libertar. Sinto uma angústia insuportável, como se me faltasse algo que não descubro o que é.

— Mas você não tem motivos para ficar angustiado.

— Exatamente. Não tenho motivos e é isso que me faz cair num vazio inexplicável, porque eu tenho tudo o que muitas pessoas gostariam de ter: coisas materiais, mulheres, fama... Esse sentimento só faz com que eu piore, pois penso que não dou valor a nada e não mereço o que tenho. Sou um ingrato.

— Claro que não. Você apenas está passando por um momento difícil. Todos nós passamos por momentos em que queremos desaparecer. – respondeu Roger, pensativo.

— Exatamente, a minha vontade é de desaparecer da face da terra. Sinto uma solidão enorme.

— Solidão? As pessoas amam suas músicas e também te amam. Muitas dariam tudo por um minuto de sua atenção. – ressaltou Roger.

— Eu amo minhas música e também minhas fãs. Acho que são a única razão de ainda continuar aqui e não desaparecer deste mundo para sempre.

— Não entendo, primo. Você já se tratou com os melhores psicólogos e até psiquiatras e ainda não conseguiu se curar.

— Talvez o problema não esteja em minha mente, mas em meu Espírito.

— Lá vem você com esta história novamente. O seu Espírito não pode sentir falta de nada, pois ele e você são um só.

— Mas, se for verdade o que eu li naquele livro... E se eu já tive outras vidas?

— Tudo termina com a morte. Não existem outras vidas.

— Então acha que estou louco?

— Nunca disse isso. É melhor mudarmos de assunto. Sabe que ainda está na clínica e se alguém ouvir pode achar que está delirando e não autorizar sua saída.

— Tem razão, eles não entenderiam. Afinal, nem você me compreende.

— Adam, seja sincero comigo. É por isso que você tentou se matar? Acha que terá uma nova vida?

Adam ficou pensativo e depois falou:

— Não quero mais falar sobre esse assunto. Quero que me conte o que aconteceu comigo na noite que me trouxeram para cá.

— Não se lembra de nada?

— Apenas *flashes*. Tenho uma vaga lembrança da porta do camarim se abrindo e uma garota entrando em busca de um autógrafo. Era jovem e muito bonita. Cabelos pretos, olhos azuis. Eu estava levando o copo com aquele veneno até meus lábios. Até cheguei a prová-lo, mas quando a vi, senti uma luz aproximar-se, uma vontade de chorar, era como se a esperasse há muito tempo.

Levei a mão ao peito e teria enfartado se ainda tivesse um coração. Será que ele falava sobre mim? Minha cabeça voltou a doer e uma vaga lembrança passou em minha mente. Eu abrindo a porta do camarim de Adam para conseguir um autógrafo.

Alguém me deixou subir, mas não me lembro como cheguei até lá, nem como saí. Por que nenhum de nós dois se lembra? O que aconteceu depois?

— Veneno? Pensei que eram calmantes. – disse o primo, assustado.

Adam continuou:

— Senti vergonha do que estava tentando fazer, pedi que ela esperasse e corri para o banheiro para vomitar e tentar tirar o veneno que já estava em meu corpo. Depois não me lembro de mais nada.

Precisava ficar com Adam, algo me dizia que ali eu teria as respostas.

— Isso não é real. Sabe que nenhuma fã entra em seu camarim.

— Será que foi minha imaginação?

— Com certeza, você deve ter delirado por causa das substâncias.

— Mas essa imagem não sai de minha cabeça. Aquela garota linda. Sabe primo, sempre sonho com uma mulher, embora a fisionomia dela fosse diferente, era como se as duas fossem a mesma pessoa. Sei que é algo estranho, mas será que isso é possível?

— Claro que não. Você deve ter sonhado ou delirado. Já disse. Por que você tem que ser tão estranho? Será que a fama bagunçou seus pensamentos?

— Só quero desabafar. Desculpe se te incomodo.

— Você não me incomoda... Vamos supor que existam outras vidas. Isso não importa nesse momento, porque você tem que viver a sua vida presente e não pensar em supostas vidas passadas. Compreendeu?

— Sim.

— Nesta vida, você é um astro famoso e tem que continuar assim, levando felicidade às pessoas.

Adam suspirou e balançou a cabeça concordando com o primo.

— Preciso ir agora. Amanhã volto para ver se já tirou essas ideias da cabeça.

— Vou tentar.

— Por favor, não fale essas coisas para os enfermeiros e, principalmente, para o médico ou não será liberado. Muito pelo contrário, podem encaminhá-lo para uma clínica psiquiátrica. - disse o primo.

— Vou fazer o possível. - respondeu Adam.

Roger se despediu de Adam e foi embora preocupado, pois percebeu que Adam não se importava muito com o que poderia lhe acontecer.

Fragilidade

No dia seguinte, Adam recebeu alta do médico e retornou para o seu lar. Eu o acompanhei.

A casa dele era maravilhosa, nem nas revistas eu tinha visto uma sala de estar tão gigantesca. Era maior do que minha casa inteira, incluindo o quintal. No centro havia uma parede em vidro por onde escorria água e dividia o ambiente. Nas paredes, muitas obras de arte e fotos de Adam e de sua banda e, numa prateleira de cristal, ficavam os troféus.

Adam deitou-se no sofá, estava muito abatido. Até então eu desconhecia o que realmente era a depressão, pensava que só pessoas que sofreram uma perda muito grande tinham essa doença. Como um jovem bonito, famoso e muito rico, que podia comprar o que quisesse, poderia se abater daquela forma e ser vencido pela depressão?

Visivelmente ele não estava bem, mas precisava retornar à mídia, os investidores ameaçavam processá-lo por atrasos no cumprimento do contrato.

Roger morava com Adam, aparentava ser um bom rapaz, preocupava-se com o primo.

No hospital, ouvi uma conversa entre os dois e descobri que cresceram juntos numa fazenda onde o pai de Adam trabalhava. Roger perdeu os pais muito cedo e também não tinha irmãos. Foi criado pelos tios, pais de Adam. Eles eram sua única família.

Adam também ajudava o pai na fazenda. Num dia, um fotógrafo que passava pela região achou que Adam tinha o perfil que precisava para uma revista e assim, ele começou a fazer sucesso como modelo. Parecia que ele tinha nascido naquele mundo de *glamour*, eram muitas as propostas de trabalho. Quando juntou algum dinheiro, mudou-se para Londres e Roger o acompanhou. Logo surgiram propostas para filmes e quando os produtores perceberam que ele tinha uma bela voz e que poderia fazer sucesso também como cantor, em seguida gravou um CD e assim, a cada dia, sua carreira deslanchava rumo ao sucesso. O primo sempre esteve ao seu lado. Fiquei emocionada com aquela amizade.

Na mesa da sala de estar havia algumas correspondências. Roger administrava as contas, a casa, correspondência e tudo mais que Adam precisasse, era uma espécie de secretário particular. Ele também ajudava Adam a responder as cartas para as fãs. Começou a verificar as cartas e encontrou um envelope rosa e perfumado que chamou sua atenção. Arrepiei-me, era a minha carta. Mamãe tinha realmente enviado.

Abriu o envelope e a leu. Adam estava deitado no sofá. Roger levou a carta até ele e a entregou.

— Adam precisa ler esta carta.

— Por quê?

— Apenas leia.

Fiquei nervosa. Qual seria sua reação?

Adam sentou-se no sofá. Pegou o envelope e o aproximou de seu rosto para sentir o perfume, seus olhos brilharam como se tivesse encontrado algo que procurava havia muito tempo, pude ouvir seu coração acelerar. Mas por que ele ficou tão emocionado? Depois leu as poucas linhas:

Adam,

Você é uma pessoa especial, sei tudo sobre você. Sua vida, carreira que acompanho desde o início. Filmes, músicas prediletas, tudo. Em meio a tudo isso, às vezes, penso se você realmente é assim da forma como te retratam porque sempre que te vejo, meu pensamento vai além, porque acredito que nem tudo que dizem é verdade. Imagino que precise agradar a todos por causa de sua carreira, e isso é compreensível, mas eu gostaria de conhecer o conteúdo, não apenas a embalagem.

Sei que é muita presunção minha te dizer que te amo, porque nem te conheço pessoalmente, mas eu sei que você é mais do que isso, e algo dentro de mim precisa conhecer sua essência, embora já te ache perfeito e, mesmo se não for, chega muito perto da perfeição. Só que é estranho, por vezes, quando vejo sua foto, sinto que lhe falta algo. Vejo isso em seus olhos. Essa dúvida permanece em minha mente. O que será que falta para uma pessoa que já tem tudo?

Com amor

M.

— Quem escreveu essa carta? – perguntou Adam.

— Não tem nome, nem endereço no envelope, apenas está assinada como "M". Cafona, não acha?

— Não. Na verdade achei muito original.

— Mostrei-lhe porque achei engraçado o que ela escreveu. Acha que talvez você possa estar infeliz. Que te falta algo. Será que é alguma repórter que descobriu que você estava internado com depressão e está tentando se aproveitar?

— Não acredito. Já recebi milhares de cartas de fãs, mas nenhuma conseguiu enxergar além das câmeras. Pode achar loucura, mas senti algo diferente quando toquei esse envelope, como se ele se encaixasse em minha vida.

— O que está dizendo?

— Ela me conhece.

— Você não gosta de sua carreira?

— Isso é o que me sustenta em meio às minhas crises. Eu adoro o que faço e sei que sou bom nisso, mas nem todos os papéis ou músicas me agradam.

Faço porque é o meu trabalho e sou bem pago, mas às vezes sinto falta do anonimato, poder ir à praia, ao estádio de futebol ou até mesmo ao supermercado e escolher o que eu quero comer. No início, fiquei encantado e um tanto orgulhoso quando as pessoas gritavam meu nome, se desesperavam por um autógrafo, mas admito que ser famoso não é tão fácil quanto eu pensei. Tenho uma grande responsabilidade com meus fãs.

— Não se pode ter tudo. Você é um homem público, não pode mais ter uma vida normal.

— Não me entenda mal, eu gosto de ser famoso e do que a fama me proporciona, mas sinto que não sou eu, o Adam, quem elas amam e admiram e sim o artista, o personagem, o cantor. Quando saio com uma garota, não posso ser eu mesmo, finjo ser diferente. Elas não iriam admirar uma pessoa problemática, com dúvidas e medos como qualquer outro. Querem alguém perfeito, como nos filmes em que atuo. Mas essa pessoa não existe. Minha vida é uma mentira. Essa garota que escreveu conseguiu me enxergar verdadeiramente como sou. Sinto-me sozinho em meio a todas essas pessoas.

— É apenas uma carta, não se impressione. Se soubesse que ficaria assim não teria lhe mostrado. Me entregue vou jogar fora.

— Não! Quero ficar com essa.

— Pra quê? Nunca guardou nenhuma carta de fã.

— Não sei explicar, acho que me conforta alguém que percebe que não sou perfeito.

Nossa! Quando escrevi aquela carta, não quis dizer diretamente que ele era infeliz, ou será que quis. Na verdade, nem sei por que escrevi aquelas palavras, parece que não era eu. Não imaginava que ele se sentia assim constantemente. Nunca pensei nessa fragilidade que agora ele demonstrava. Fiquei penalizada, sabia que ele era um ser humano como qualquer outro, que com certeza também tinha defeitos, mas a exposição de sua fraqueza me irritou, não sei a razão, era como se eu não pudesse aceitar aquilo. Aquela fragilidade me decepcionava e me causava um sentimento de perda. Mas por quê?

Olhei novamente para Adam e vi algo escuro ao seu lado, não sei dizer o que era, mas me causou muito medo. Envolta naquela energia, em minha mente começaram a surgir *flashes*, como se algo me puxasse para trás. Olhei e não saí do lugar, mas minhas lembranças se voltaram para um tempo que até então eu desconhecia.

Aquela cena mostrava um homem e uma mulher fugindo. Sentia medo, como se eu estivesse exatamente naquele momento. Não reconheci aquelas pessoas, mas, embora as fisionomias fossem diferentes, eu sentia que eram familiares.

Foi uma cena muito breve, que durou apenas alguns segundos, mas sugou por completo as minhas forças. Fiquei fraca. Não sabia que podia adoecer depois de morta.

Quem eram aquelas pessoas e por que estavam fugindo? Que lembranças seriam aquelas? Será que tinha alguma ligação comigo e com o Adam?

Estou perdida e muito confusa com essas recentes descobertas. Não sei se estou fazendo a coisa certa ficando ao lado de Adam. Ele está doente e talvez eu possa agravar sua situação com minha presença. Preciso ir para o lugar onde sempre me senti protegida. Meu quarto, na casa de meus pais. Mesmo sabendo que minha aproximação pode prejudicá-los eu preciso vê-los.

A Cozinheira

Estava na cozinha pensando em como voltar para casa de meus pais, quando uma senhora chegou. Era dona Ana, cozinheira de Adam, ela era famosa, pois Adam sempre brincava e a agradecia quando participava de programas, dizendo que cuidava da alimentação dele com muito carinho, não permitindo que ele saísse de sua dieta. Era uma senhora muito bondosa que não tinha filhos. Estava muito preocupada por causa da depressão que o rapaz enfrentava. Comentou com Dulce, a arrumadeira.

— Quero fazer os pratos preferidos do Adam, para ver se ele melhora.

Dulce era uma moça revoltada e desiludida, que não acreditava na doença de Adam.

— Melhorar do quê?

— Da depressão. Não sabe que ele ficou até internado?

— Depressão! Isso é fingimento para chamar a atenção.

— Não fale uma coisa dessas, menina. O que há com você?

— Você acha mesmo que um rapaz bonito, rico e famoso, tem motivos para depressão? Queria só ver se ele tivesse que acordar cedo, pegar uma condução lotada para chegar ao trabalho e ainda ter que contar o salário no final do mês, pra ver se dá pra pagar todas as contas se ele teria tempo para depressão.

— Que falta de respeito é essa? Ele é seu patrão.

— Ele pode ser meu patrão, mas eu tenho minha opinião.

— Você está sendo maldosa. A depressão é uma doença que pode atingir qualquer pessoa, inclusive você.

— Eu? Acho difícil. Isso é doença de rico. Pobre não tem tempo para essas frescuras.

— Claro que não. Isso nada tem a ver com dinheiro e sim com o sofrimento.

— Quem sofre? O sr. Adam? Não me faça rir.

— Não é apenas ele que sofre, mas todos os que lhe querem bem.

— Ele tem muitas pessoas para cuidar dele. Pode pagar por isso. Agora, as pessoas ao seu redor sofrerem, eu duvido. Ninguém quer ficar cuidando e ouvindo reclamações o tempo todo, afinal todos temos nossos próprios problemas.

— Filha, não pense assim. Sei que muitos chegam a irritar-se por não entender qual a razão dessa tristeza sem fim e porque a pessoa não consegue se libertar, mas é difícil para quem nunca teve depressão acreditar que essa doença exista e que é tão difícil. Muitos pensam que a pessoa não sai da crise porque não quer. Que querem atenção ou ainda, se fazem de vítima. É difícil imaginar o poço sem fim que é essa doença.

— É! A vida é difícil.

Dona Ana, percebendo a revolta nos olhos da garota, perguntou:

— Filha, o que aconteceu em sua vida que a faz pensar dessa forma tão amarga?

A menina, com os olhos lacrimejando, respondeu:

— O sofrimento da minha mãe.

— Sua mãe teve depressão?

— Não, meu pai. Ao menos era isso o que ele dizia, até eu descobrir toda a verdade.

— Dulce, percebo que é algo muito pessoal. Não precisa me contar, se não quiser.

— Não, na verdade eu quero falar. Eu preciso falar com alguém porque não suporto mais guardar esse segredo. Isso está me corroendo.

Dona Ana sentou-se na cadeira ao lado da garota e falou:

— Fale, fico muito feliz com a sua confiança.

— Tudo começou quando meu pai começou a agir estranhamente em casa. Ele chegava do trabalho e ficava no quarto deitado, não queria conversar. Mamãe achou que ele estava com depressão e sugeriu que ele procurasse ajuda profissional. Certo dia, ele disse ter passado no tal médico e todos acreditaram.

— Então o médico diagnosticou a doença. Pobrezinho, precisa de muito apoio.

— Eu sei exatamente o que é essa doença. Fiz várias pesquisas e até cheguei a pensar que ele realmente tinha depressão. Só que a pessoa que tem depressão, vai ter os mesmos sintomas dentro e fora de casa. Não era assim com papai. Dentro de casa ele era uma pessoa triste, deprimida. Mamãe tinha que fazer tudo por ele. Ah! E com que carinho ela o tratava. Depois de um tempo, comecei a perceber que papai começou a chegar mais tarde do trabalho. Desconfiei.

Dulce parou e rompeu num choro de amargura. Dona Ana levantou-se e pegou um copo com água.

— Acho melhor você não continuar a história.

— Não, eu preciso.

— Então se acalme.

— Um dia, marquei com algumas amigas para sairmos. Fomos num barzinho afastado da cidade. Quando cheguei lá me deparei com papai. Estava numa mesa com várias pessoas. Ele conversava interessadamente com uma mulher que estava ao seu lado. Fiquei parada na porta, não sabia se entrava e acaba com o fingimento dele ou se voltava pra casa e esquecia toda aquela cena. Mamãe iria morrer de tristeza.

— Pobrezinha. E o que você fez?

— Eu voltei pra casa. Não tive coragem de enfrentar a situação. Na hora só pensei: "O que eu vou falar pra mamãe?"

— E você falou?

— Não. Quando cheguei, ela estava tão feliz, arrumando carinhosamente a refeição que meu pai levaria no dia seguinte para o trabalho, que não tive coragem de lhe cravar no peito aquela punhalada. Fui para o meu quarto alegando dor de cabeça. Mais tarde ele chegou, como sempre, irritado. Reclamava do trabalho, do chefe, de tudo. Do meu quarto eu ouvia suas lamentações e mamãe, ouvindo cada palavra, carinhosamente.

— Sinto muito querida. – disse dona Ana.

— Eu também.

— Quanto tempo faz isso?

— Duas semanas.

— E você nunca contou nada para sua mãe?

— Tem dias que estou decidida a contar tudo, mas quando chego em casa perco a coragem.

— Confie em Deus. Peça para que ele te mostre qual o caminho a seguir. Não se torture. Pode não ser o que você está pensando.

— Estou tentando, mas está muito difícil. Olhar todos os dias para papai, sabendo que ele não está doente e sim enganando minha mãe. Eu tenho certeza do que vi.

— Ele está doente. – afirmou a senhora.

— Só se falta de caráter for considerada uma doença.

— Não digo que seu corpo está doente, mas sim seu Espírito. Quando prejudicamos alguém, seja de que maneira for, o maior prejudicado somos nós mesmos. Mesmo assim, precisamos ter certeza, antes de acusar quem quer que seja.

— E o que eu devo fazer? Por favor, dona Ana me ajude, sempre achei a senhora tão sábia.

— Sabia, eu? – dona Ana balançou a cabeça negativamente, sorrindo. — Apenas observo e procuro aprender com os meus erros e também com os erros dos outros. Como você acha que sua mãe reagiria se contasse pra ela?

— Isso a mataria. Ela ama muito papai. Acho que ela, sim, ficaria com depressão.

— Então você deve pesar o que te deixaria mais triste: A dor verdadeira de sua mãe ou, se for realmente certo o que viu, as mentiras de seu pai.

— Com certeza, a dor de mamãe, mas não posso permitir que papai saia impune.

— Deus sabe de todas as coisas. Não julgue seu pai. Quem somos nós para julgarmos, se temos imperfeições como qualquer outra pessoa. Só quem pode julgar é Deus que sabe o que é certo ou errado. Tem momentos em nossa vida que somos movidos mais pelo orgulho do que pelo amor.

— A senhora já ouviu aquela frase: "Olho por olho e dente por dente"?

— Sim. O que isso tem a ver com seus pais?

— Que, se uma pessoa lhe causa uma dor, você também tem o direito de causar a mesma dor a ela.

— No meu humilde entendimento, isso se chama vingança.

— Não. Isso é justiça.

— Pode ser para a justiça terrena, mas não para a justiça divina. É nessa que devemos confiar e entregar os nossos problemas.

— É a mesma coisa.

— Com certeza, não é. A vingança é algo que pode até lhe dar um prazer momentâneo, mas, e depois? Você será igual ou até pior do que a pessoa que lhe causou mal, porque você revidou. Em que você será melhor do que aquela pessoa? Talvez o seu mal seja maior ainda, pois o outro pode ter feito sem pensar e já estar até arrependido, mas você fez pelo simples prazer da vingança, por orgulho.

— Então a senhora acredita na impunidade? Quem faz o mal deve viver normalmente sua vida, sem pagar pelo sofrimento que causou?

— Ninguém fica impune perante Deus. Jesus nos ensinou que devemos dar a outra face, isso é não revidar e pagar o mal com o bem. Da mesma forma que você citou a frase de Moisés que diz "olho por olho e dente por dente", peço permissão para lhe citar duas frases de Jesus, que diz que o primeiro e maior mandamento é: "Amarás o Senhor teu Deus de todo o teu coração, de toda a tua alma e de todo o teu entendimento" e o segundo semelhante a este, é: "Amarás o teu próximo como a ti mesmo".

— E o que quer dizer?

— Bom, sabe que não tenho muito estudo e sou uma pessoa humilde. Vou lhe passar como eu entendo. Acho que sobre amar a Deus, não há dúvidas. Ele está em primeiro lugar e acima de tudo e de todos. No entanto, quando Jesus diz para amarmos o próximo como a nós mesmos, creio que não devemos apenas deixar de fazer o mal, mas também fazer o bem. Se amamos o outro como a nós mesmos, vamos lhe desejar sempre o melhor.

— Então a senhora acha que tenho que fazer o bem para o meu pai, embora ele esteja me fazendo sofrer?

— Eu não acho nada, quem decide é você. Apenas pense... E se fosse você no lugar dele, como gostaria de ser tratada? Com perdão ou vingança? E, se você estiver enganada e contar para a sua mãe, acabará com a vida dos dois.

Dulce abaixou a cabeça pensativa e fez um sinal negativamente com a cabeça. Aquela senhora conhecia da vida. Não concordava com seu pensamento, pois a raiva ainda estava muito viva em seu coração, mas suas palavras lhe deram motivos para refletir.

— Não sei ao certo o que vou fazer. Por hora vou aguardar.

— Já é um começo. Agora preciso terminar o almoço. Adam já deve estar chegando.

— Desculpe atrasá-la.

— Não, querida. Você precisava desabafar. Um dia lhe contarei a minha história e espero poder ajudá-la.

Dona Ana começou os preparativos do almoço com o mesmo carinho de sempre e a moça foi cuidar de seus afazeres. Quando eu era viva mal sabia o que era depressão, e agora escuto sobre isso em todos os cantos.

A Semente da Dúvida

Cheguei à casa de meus pais e eles continuavam péssimos. Apesar da imensa saudade, achei melhor não ficar por muito tempo, não queria que piorassem. Meu quarto estava do mesmo jeito. Isso me deixou feliz e consegui finalmente relaxar um pouco.

Pensei nas palavras de vovó e concordei que eu já não pertencia mais àquele mundo. Estava sozinha, cansada e com dores. Talvez devesse ir embora com ela, ao menos ela podia me ver e, quem sabe, me ajudar.

Mesmo estando a ponto de ceder e pedir socorro à vovó, a preocupação me atormentava. Se eu fosse embora, talvez nunca me lembrasse do que houve e essa dúvida me atormentaria pela eternidade. Mas isso não era tudo, sentia que havia algo me prendendo a esse mundo, algo inacabado que eu precisava resolver. Se antes eu me sentia fraca e impotente para deixar esse mundo, agora eu precisava de forças para continuar nele.

Voltei para a casa de Adam. Eu ainda não tinha me acostumado com o tempo, parecia que tinha ficado apenas algumas horas na casa de meus pais, mas fiquei por mais de uma semana.

Ele falava ao telefone sobre um contrato assinado com uma produtora de filmes, onde seria o ator principal. Fará o papel de um adolescente revoltado e briguento, que se apaixona pela namorada do amigo. Preparou-se e saiu.

Acompanhei-o até o estúdio, queria conhecer o set de filmagem. Roger também o acompanhou, eles eram inseparáveis.

Quando chegamos, Roger foi verificar se o camarim de Adam estava de acordo com suas exigências.

Ele era um pouco excêntrico. Não acredito que precisava de tantas toalhas e garrafas de água importada. E pra que tanta comida? Era tudo um desperdício, ele não comeria nem se ficasse uma semana.

O maquiador e o cabeleireiro iniciaram a caracterização do personagem que ele interpretaria. Ele nem precisava de tudo aquilo, era naturalmente lindo.

Deixaram seu cabelo meio bagunçado, com a impressão de relaxo.

Na hora da filmagem, havia uma corda separando o local, para que as pessoas não ultrapassassem. Os seguranças se encarregavam de não permitir que as fãs se aproximassem, o que não era o meu caso, já que não podiam me ver.

Fiquei vidrada nas filmagens, quando percebi já era noite e tinham terminado a gravação. Voltamos para casa.

Adam pegou as correspondências antes de Roger. Começou a olhar todos os envelopes, parecia que procurava algo.

Parou quando encontrou um envelope colorido. Minha mãe enviara outra de minhas cartas.

Fiquei observando. Ele abriu o envelope ansioso, como se precisasse de minhas palavras. Talvez a carta tenha feito bem a ele.

Ele guardou a carta sem que Roger percebesse e recolocou as demais em cima da mesa. Disse a Roger que estava cansado e subiu para o quarto. Trancou a porta, abriu a carta e começou a lê-la.

Ele leu três páginas inteiras sem parar, estava concentrado:

Adam,

Imagino o quanto deve ser difícil ser o sonho de tantas adolescentes desesperadas por um olhar, um autógrafo.

Não sou diferente delas, também grito e choro de emoção quando te vejo. Você não é apenas meu ídolo, é a minha vida.

Sabe, outro dia vi uma foto sua na revista, achei que você parecia triste, que apesar de estar cercado de pessoas atenciosas e ser amado por muitas, se sentia infeliz.

Sei que são apenas fantasias da minha cabeça, pois, como poderia alguém que tem tudo como você, estar infeliz? Eu devo estar sendo muito chata e intrometida lhe escrevendo essas coisas.

Será...

Com amor

M.

Quando terminou, jogou-se na cama e colocou a carta sobre seu peito. Percebi o quanto ele se sentia só, mesmo sendo amado por tantas pessoas. O que será que faltava em sua vida? Com certeza não era nada material, pois ele poderia ter o que quisesse, era muito rico. O que será esse vazio que ele sente que o torna tão depressivo?

Era estranho vê-lo tão fragilizado. Meus sentimentos se confundiam; ao mesmo tempo em que eu não aceitava sua fraqueza e queria lhe passar um sermão, sentia uma pena infinita, como se compartilhasse aquele sentimento.

Adam estava cansado por causa das filmagens e logo adormeceu. Não consegui ficar em seu quarto, algo me incomodava. Olhei para o lado e era uma sombra escura. Fiquei com medo e saí.

Comecei novamente a ver aquelas cenas em minha mente com aquele homem e a mulher fugindo, a agonia que sentiam e depois senti raiva por ver Adam depressivo. O que estava acontecendo comigo? O que aquela cena tinha em comum com Adam?

Decidi vagar pelos arredores da casa para espairecer.

Roger estava no quintal, na verdade era um jardim enorme com piscina, fontes, quadra de tênis e tudo o que se possa imaginar. Ele falava ao celular. Fiquei curiosa e me aproximei.

— Já disse que não tenho mais dinheiro. – dizia Roger, nervoso.

Não sei quem estava do outro lado do telefone, mas acho que ele exigia que Roger lhe desse dinheiro.

— Está bem, darei um jeito. Amanhã te encontro no local de sempre.

Ele desligou o celular e foi até o quarto de Adam, que dormia profundamente. Depois se dirigiu até o escritório em silêncio e tirou um quadro da parede que escondia um cofre e o abriu. Pegou uma alta quantia e o fechou novamente. Não entendi a razão de ele estar tirando dinheiro do cofre àquela hora da noite. Será que ele estava roubando Adam?

Estava acontecendo algo muito errado. Por que a pessoa com quem ele falava ao telefone exigia dinheiro com urgência?

Decepção

Passaram-se semanas e eu não descobri nada sobre minha morte, tampouco quem era a pessoa com quem Roger conversava ao telefone.

Estava cansada, com dores horríveis. Mamãe enviava semanalmente minhas cartas para Adam que as aguardava ansioso, era como se ele precisasse delas. Eu presenciava sua fraqueza e aquilo me decepcionava. Será que o amor que eu sentia não era tão sólido? Não entendia por que a fraqueza dele me incomodava mais do que o normal.

Tinha vontade de ir embora, sentia-me suja, com fome, mas algo me dizia que eu não poderia abandoná-lo, ao menos, não ainda.

Não tinha mais discernimento das coisas, talvez vovó estivesse certa sobre o que aconteceria se eu continuasse na Terra. Sentia que estava entrando num mundo sombrio, com dores insuportáveis que faziam aumentar o sentimento de raiva da pessoa que acabou com a minha vida. Não conseguia ter bons pensamentos e tampouco controlar meus sentimentos. Minhas energias estavam esgotadas, na maior parte do tempo ficava deitada no chão do quarto de Adam.

Num final de semana em que Adam estava em casa, chegou uma mulher alta magra, cabelos ruivos, compridos. Sua aparência se assemelhava a de uma modelo. Apesar de estar muito produzida, achei que ela era muito magra.

Adam a recebeu com um beijo na boca e a levou para a piscina coberta que ficava no terceiro andar de sua mansão.

A tristeza desabou sobre mim. Presenciar aquele beijo foi como se eu tivesse levado uma punhalada em meu coração. Eu estava ali com ele todo aquele tempo, sofrendo com dores horríveis e ele levou outra garota para dentro de sua casa. Era a primeira vez que eu o via com uma mulher. Ele sempre foi muito discreto sobre sua vida privada e relacionamentos. Presenciar aquela cena me doeu. Queria desaparecer. Mas, para onde eu iria? Não podia voltar para a casa de meus pais. Vaguei pelos cômodos da casa até chegar ao quarto de Adam.

Roger estava lá. A gaveta do armário estava aberta e ele segurava algo em sua mão, parecia parado no tempo. Aproximei-me. Era uma corrente de ouro com um pingente. Aquela corrente era familiar.

Cheguei mais perto e li meu nome no pingente, Melina. Novamente as lembranças voltaram à minha mente. Aquela era a minha corrente. Meu pai me deu em meu aniversário de 15 anos. Nunca a tirava. No dia do show eu a estava usando. Como ele poderia estar com minha corrente? Enfureci-me. Por que minha corrente estava no quarto de Adam? Eu começava a ligar as coisas: O camarim de Adam; a conversa dele com Roger no hospital; sua depressão e agora a corrente. Comecei a desconfiar que Adam tivesse alguma ligação com a minha morte. Talvez por isso eu estivesse ali. Toda a raiva que estava sentindo explodiu, fazendo com que Roger sentisse um arrepio e, assustado, colocou a corrente dentro da gaveta e saiu correndo.

Minha cabeça parecia que iria explodir e os pensamentos estavam me enlouquecendo. Por que minha corrente estava na gaveta de Adam? A cena em que eu entrava no camarim dele se repetia e eu não me lembrava de ter saído. Ele também se lembrou, no hospital, desta cena. Talvez as noites de insônia, as crises depressivas tenham alguma relação comigo. Por isso não consigo ir embora. Será que Roger também está envolvido?

Entrei num grande conflito interno. Tentei me acalmar. Ele poderia apenas ter encontrado e guardado, mas porque deixaria entre seus pertences pessoais.

Será que foi Adam quem praticou tamanha maldade comigo? Ele me drogou e me violentou, ocasionando minha morte?

Como pude ser tão inocente. Agora tudo se encaixa: a minha presença naquela casa, minha irritação com suas fraquezas, a depressão e sua internação justamente no período dos acontecimentos.

Estava sufocando, precisava sair daquele lugar, o ódio tomava conta de mim e de repente aquela sombra que eu tinha visto ao lado de Adam apareceu em minha frente, do nada. Saí correndo sem destino, pensando no que aquela fixação que eu chamava de amor me causou. Cheguei num lugar escuro, com muitos Espíritos rastejando. Estavam sujos e machucados. Não senti medo, porque naquele momento eu não era diferente deles, também estava suja e machucada. Ouvia gritos horripilantes de dor e tristeza. Sentei-me no chão, perdida em meus pensamentos. Estava enlouquecendo.

Não sei bem quanto tempo fiquei ali parada. Talvez tenham se passado muitos dias, semanas ou até mesmo meses. Estava num estado de torpor. As dores eram horríveis e não conseguia me mexer. Até que ouvi uma voz conhecida.

— Melina?

Abri os olhos sem vontade e vi vovó. Ela estava com dois homens vestidos de branco, não consegui ver os rostos, a luz que eles emitiam era muito forte e me incomodava.

Não manifestei qualquer expressão de felicidade ou tristeza. Adam não tinha acabado apenas com o meu corpo, mas também com meu Espírito. Será que é possível um Espírito morrer?

Permaneci imóvel enquanto vovó insistia em falar. Não tinha vontade de responder.

— Melina. Viemos ajudá-la – disse vovó, levantando-me.

Eu parecia um zumbi. Não tive forças para resistir, acho que nem queria. Só me lembro de ter acordado numa cama, com lençóis brancos. Meu corpo estava limpo e minhas roupas foram trocadas, não sentia dores. Vovó estava ao meu lado.

— Querida, como se sente?

— Mal.

— Logo se sentirá melhor

— Que lugar é esse?

— É um hospital, onde está sendo tratada.

— Vovó, eu realmente estive naquele lugar horrível ou era apenas um sonho?

— Aquele lugar chama-se Umbral e você permaneceu lá por vários meses.

— Como cheguei lá?

— Seus pensamentos e sentimentos negativos, o ódio que sentiu a transportou direto para o Umbral.

— Vovó – perguntei ressentida – a senhora sabe o que aconteceu comigo?

— Sim, querida, eu sei.

— Foi Adam quem me matou. Eu vi a minha corrente na gaveta do armário dele.

— Você está se recuperando. Não permita que esses pensamentos e sentimentos tomem conta de você, porque irá prejudicá-la. Repouse.

Dessa vez obedeci minha avó, não sei se era por receio de ela confirmar ou medo de que meus pensamentos me levassem novamente para o Umbral.

Virgínia

Dormi por muitos dias e quando despertei não senti vontade de me levantar. Vovó disse que eu precisava reagir, mas eu não conseguia ou talvez não quisesse. A decepção e a mágoa matam nosso Espírito aos poucos, ainda mais quando quem nos fere é uma pessoa amada.

Vovó entrou no quarto com alegria, tentando levantar meu astral e falou:

— Melina, trouxe alguém que eu gostaria muito que você conhecesse. Para mim seria uma grande alegria se conversasse com ela.

— Está bem vovó. – falei sem vontade.

— Obrigada querida. Vou buscá-la. Não demoro.

Aceitei a contragosto. Não queria falar com ninguém e ainda mais com estranhos, mas vovó estava sendo tão boa comigo; assim aguardei seu retorno com a pessoa a que ela se referiu.

Após alguns minutos, uma garota com cabelos claros e curtos entrou no quarto. Ela sorria acanhada, provavelmente estava tão constrangida quanto eu.

— Olá, Melina. Como está? Meu nome é Virgínia.

— Olá. Estou tentando me recuperar.

— Sua avó pediu que eu viesse conversar com você, achou que pudéssemos compartilhar nossas histórias. Na verdade, creio que isso nos fará bem.

— Talvez, vovó esteja certa e seja bom desabafar. – respondi sem muito interesse.

— Entendo que não queira sair do quarto. Quando cheguei aqui, também fiquei muito tempo isolada. Sabe, assim como você, também fui resgatada, mas por meu irmão.

— Resgatada de onde?

— Do Vale dos Suicidas. – respondeu Virgínia com tristeza. A lembrança daquele lugar ainda a assombrava.

— Vale dos Suicidas? Por que estava lá?

— Sou uma suicida.

As palavras de Virgínia me causaram uma sensação de choque. Perguntei com um tom de repreensão, mas não tive coragem de terminar a frase.

— Você é tão jovem, como pôde tirar...

— Pode terminar sua pergunta. Como pude tirar minha própria vida?

— Desculpe se fui áspera. É que você é tão jovem e decidiu deixar de viver, enquanto que eu...

Virgínia percebendo minha tristeza interrompeu-me e começou a contar sua história, tentando me distrair.

— Eu tinha exatamente a sua idade, 16 anos, quando cometi o suicídio.

— Por quê?

— Por amor. Pelo menos era o que eu pensava quando estava encarnada.

— Acho que temos algo em comum, além de desencarnar com a mesma idade, ambas morremos por amor.

— Tem razão.

— Também pensei amar alguém e esse amor me custou a vida. A diferença é que no meu caso eu não tirei minha vida e sim a pessoa que eu idolatrava. – fiz uma pausa, lembrando-me de Adam, depois continuei. — Mas não quero falar agora sobre esse assunto. Por favor, continue sua história.

— Ah! Não é uma história agradável.

— Nenhuma delas é. Eu estava apaixonada por um cantor de uma banda de rock. Não perdia nenhum show. Um dia, fiquei sabendo que a banda se apresentaria em minha cidade e, como meus pais eram muito influentes, conseguiram que eu entrasse no camarim do meu ídolo. Foi maravilhoso. Ele era bem mais velho do que eu, mas a atração que sentimos foi imediata. Conversávamos horas por telefone, ele me falava de amor. Vivia num conto de fadas. Encontrávamo-nos às escondidas, pois meus pais não aceitariam nosso relacionamento. Eu tinha 16 anos e ele 34. Mesmo sabendo que era errado, o desejo era mais forte do que eu. Mentia para mamãe, dizendo que dormiria na casa de amigas e passava as noites com ele.

— Mas me parece um amor tão lindo. Por que seus pais não permitiriam? Por causa da idade?

— Não é apenas esse o motivo. A pior parte vem agora. Ele era usuário de drogas e me convenceu a usar também, dizia que eu me soltaria mais.

— Acredito que muitos digam isso, mas quando se ama uma pessoa, não queremos oferecer-lhe o pior.

— Bem, eu fiz o que ele queria, porque achava que me amava e não me causaria mal.

— Mas causou, não é?

— Sim e muito. Principalmente quando, depois de seis meses, ele se cansou e arranjou outra namorada. Aquilo foi a morte, não suportava vê-lo em outros braços. Ele não atendia mais meus telefonemas, me proibiu de entrar em seu camarim. Fiquei desesperada, e me afundei ainda mais nas drogas. Então decidi que eu o faria sofrer.

— Quis se vingar dele?

— Não era bem uma vingança. Ao menos era o que eu pensava. Acreditava que ele me amava e que a outra era apenas uma aventura. Então, numa noite, consegui passar despercebida pela segurança e entrei em seu camarim enquanto ele fazia o show. Estava completamente drogada. Achei uma gilete de barbear sobre a penteadeira, me sentei na cadeira e o aguardei. Assim que ele abriu a porta, olhei-o com ódio e gritei: "Olha no que me transformou. A culpa é sua. Viva com isso". Em seguida cortei os pulsos.

Virgínia parou por alguns segundos, como se sentisse a mesma dor do dia em que aconteceu.

— E o que ele fez? – perguntei.

— Ele pediu ajuda, entrou em pânico, é claro. Quando o socorro chegou, eu já tinha perdido muito sangue e meu corpo físico não conseguiu resistir.

— Como você se sentiu ao desencarnar? Eu demorei muito tempo para me dar conta do meu estado.

— Ao ver meu corpo sem vida no chão, coberto de sangue, fiquei desesperada e arrependida por ter cometido aquela loucura. Não tive dúvidas de que estava morta. Acabei no Vale dos Suicidas onde sofri por anos. Eu não me perdoava por ter tirado minha vida e ainda tê-lo deixado livre para namorar outras garotas. Não queria morrer, apenas assustá-lo para ter sua atenção. Pensei que seria salva a tempo e que ele ficaria comigo, mas só descobri depois que nossas emoções nos acompanham mesmo após a morte.

— Nossa! Que história triste.

— Embora tenha sofrido muito, triste mesmo foi a dor que causei aos meus pais. Eles se sentiram culpados. Meu pai acusava minha mãe de não ter prestado atenção ao que se passava comigo enquanto ele trabalhava e ela o acusava de deixar toda a responsabilidade com ela. A convivência tornou-se insuportável e acabaram se separando. Eles se amavam tanto e eu destruí tudo. Eu não acabei apenas com a minha vida, mas também com a deles. Depois de minha morte, eles nunca mais voltaram a sorrir. Viveram amargurados até o desencarne.

— Eu entendo. Se pudesse, também voltaria no tempo para poupar meus pais de tanto sofrimento. Não deveria ter ido àquele show.

— Agora estou bem. Passaram-se muitas décadas. Ele já desencarnou e me pediu perdão. Eu o perdoei.

— E seus pais? Você os encontrou depois do desencarne?

— Não.

— Nem teve notícias?

— Na verdade, eu sei onde eles estão, mas ainda não tive permissão para vê-los. Eles não estão muito bem e a minha presença pode perturbá-los. Não quero lhes causar mais dor, mas todos os dias, peço por eles.

— Você se lembra de todos os detalhes de sua morte. Gostaria que fosse tão fácil assim lembrar-me do passado.

— Não foi sempre assim. Quando fiquei no Vale dos Suicidas, cheguei a perder a consciência de quem eu era, só depois de muito tempo fui socorrida e consegui me recordar e também analisar meus atos. Foi quando percebi que não há vítimas e parei de agir como uma.

— Você se lembra tão detalhadamente do que aconteceu com você. Por que não consigo me lembrar do dia em que desencarnei?

— Tenha calma, você conseguirá recordar.

— Só me lembro de algumas cenas, mas tão isoladas.

— E o que vê nessas cenas?

— Também fui vítima de minha ingenuidade. Como você, me apaixonei por um ídolo. O nome dele é Adam, mas acho que ele é pior do que o seu, pois tenho uma grande suspeita de que foi ele quem causou minha morte.

— Você se recordou?

— Não totalmente. Lembro-me apenas, vagamente, de ter entrado no camarim dele e de ter visto em sua casa, depois que desencarnei, a corrente que eu usava no dia do show.

— E qual a ligação com sua morte?

— Eu nunca a tirava do pescoço. Só pode ter sido ele.

— Tem certeza de que era a sua corrente? Pode ser uma parecida.

— Tenho.

— Então me deixe entender. Por que você viu a sua corrente na casa de Adam, chegou à conclusão de que ele a matou?

— Isso e mais as poucas lembranças que tenho.

— Mas isso não significa que foi ele quem a matou. Ele pode ter encontrado a corrente e guardado.

— Aconteceram muitas coisas que não me sinto a vontade para conversar no momento, mas tudo aponta para Adam. Não acredita em mim?

— Não foi o que eu disse. Você sente que ele poderia fazer isso?

— Na verdade, não sei. Estou muito confusa. Às vezes, penso que sim e em outras que não.

— Se você não tem certeza, não se torture com esses pensamentos. Sabe, aqui na Colônia existe um lugar onde você poderá recordar seu passado.

— Se existe, me leve até lá, por favor.

— Não é tão simples, temos que seguir regras. Você terá que se esforçar, sair desse quarto e mostrar que está se recuperando, caso contrário não terá permissão.

— Estou disposta a fazer tudo o que pedirem.

— Acho que estamos acelerando muito o curso a ser seguido.

— Eu preciso disso, me ajude.

— Não sei se suas lembranças lhe farão bem agora. Talvez seja sua própria mente que está bloqueando, para evitar mais sofrimentos. Precisa estar preparada. Tudo se esclarece no momento certo.

— Quero a verdade, só assim terei paz. Nossas histórias são parecidas, sabe como estou sofrendo, por favor, me ajude.

— Está bem. Farei o que puder. Mas não depende de mim.

— Obrigada por enquanto. Já estou me sentindo bem melhor.

Procurando Uma Ocupação

Eu e Virgínia nos tornamos amigas, em parte devido à semelhança de nossas histórias. Ela me visitava com frequência me incentivando a sair do quarto e conhecer a Colônia.

Aos poucos fui me convencendo de que não poderia continuar naquela situação, trancada num quarto e revoltada por ter desencarnado tão jovem. Quando vovó chegou para me visitar, pedi que ela me levasse para conhecer a Colônia onde agora era meu lar.

— Vovó, eu gostaria de sair e conhecer a Colônia.

— Fico muito feliz com sua iniciativa. Não é bom ficar isolada, remoendo fragmentos de lembranças.

— Tem razão. Embora ainda me sinta insegura e com muitas dúvidas.

— Dúvidas?

— Sim. Como é lá fora?

— É um lugar lindo, ficará encantada com nossos jardins, com as moradias e tudo o mais.

— O que vocês fazem por aqui?

— Trabalhamos.

— Trabalham? - perguntei surpresa.

— Certamente. Enquanto o Espírito está se recuperando, permanece no hospital, como é o seu caso. Depois, quando aceita realmente seu estado e decide por sua evolução, começa a trabalhar.

Permaneci pensativa, em silêncio. Que engraçado, nunca trabalhei quando era viva. Meus pais faziam questão que eu só estudasse e, agora que morri, terei que trabalhar.

Vovó pareceu ler meus pensamentos e riu, achando graça.

— Por que está rindo, vovó?

— Não precisa se preocupar. Achará um trabalho adequado. Aqui não é necessário experiência, aprenderá aos poucos.

— Parece que adivinhou meus pensamentos.

— Eu li seus pensamentos.

— Mas, como?

— Os Espíritos podem se comunicar através dos pensamentos.

— Se isso é verdade, por que eu não consigo?

— Porque ainda está presa à matéria. Bloqueia sua mente para as coisas externas, da mesma forma que faz com as suas lembranças e permite que a mágoa, o ressentimento, o ódio a dominem.

— Como faço para esquecer e seguir em frente? Será que um dia conseguirei me libertar disso tudo?

— Perdoe. Pare de tentar se lembrar do que aconteceu, deixe fluir naturalmente.

— Está difícil, vovó.

— Imagino, mas quem sabe você se ocupando com alguma atividade, sinta-se melhor. Quando ajudamos o próximo, deixamos de nos preocupar com os nossos problemas e eles acabam se solucionando sozinhos.

— Mas o que eu vou fazer? Nunca trabalhei.

— Os trabalhos na Colônia não são iguais aos da Terra. Tudo depende de sua dedicação e interesse em aprender.

— Isso tudo é tão estranho. Morrer e continuar a existir. Ter sentimentos, visitar lugares onde nunca pensei em estar e nem sequer imaginava que existiam. Até mesmo este quarto. Como é possível?

— Tantas dúvidas – Vovó sorriu. — Isso é normal, muitos sentem dificuldades em se adaptar.

— Tudo que aprendi em vida não condiz com essa realidade.

— Seja mais receptiva, aos poucos aprenderá sobre esse nosso novo mundo.

— Prometo que me esforçarei – respondi esboçando um sorriso.

— Está bem, já que conversamos e você decidiu por sua melhora, vou apresentá-la à Nerides. Ela é a responsável pelo setor das crianças. Acho que lá será um local adequado para que inicie o trabalho.

— Vou trabalhar com crianças?

— Sim, as energias delas são mais leves, será mais fácil para você.

— Gosto de crianças, talvez seja um bom lugar para começar.

— Assim que se fala.

— Vovó?

— Sim, querida.

— Obrigada por não ter desistido.

— Jamais desistiria de você, continuo sendo sua avó e te amando.

A História de Denise

Trabalhar com as crianças era o máximo, eram tão doces e inocentes. Apesar de já terem vivido muitas vezes, encontravam-se naquele estado infantil.

Algumas das crianças já recobravam a sua consciência do passado e me contavam suas histórias. Eu adorava, mas havia um caso especial que me intrigava.

Laura. Ela era uma menina muito triste e arredia, sempre que tentava me aproximar dela, não tinha sucesso. Ela ficava sentada ao lado de uma das janelas, e esticava suas mãozinhas, olhando para o nada, como se quisesse pegar algo. Por vezes, começava a gritar e a chorar desesperadamente. Eu não me atrevia a me aproximar para tentar controlá-la, não tinha tanta experiência ainda nessa área, mas os trabalhadores mais antigos já estavam acostumados e em poucos minutos aplicavam-lhe um tratamento que fazia com que se acalmasse pouco a pouco.

Embora todos lá fossem muito atenciosos, não me atrevi a perguntar sobre a menina. Não queria parecer intrometida.

Outra curiosidade que eu tinha era sobre uma moça que todos os dias aparecia e ficava de longe observando Laura. Ela também tinha um olhar triste. Por vezes, Hilma, uma das trabalhadoras se aproximava dela e conversavam por alguns minutos.

Certo dia, fiquei parada observando as duas. Então, Hilma, vendo-me pensativa, Perguntou:

— Está curiosa, não é? Ela ainda está se recuperando de uma grande perturbação.

— Quem? - perguntei envergonhada por ter sido descoberta.

— A menina que está observando, Laura. Ela traz traumas enormes da última encarnação.

— Mas ela é só uma criança. Como pode ter grandes traumas?

— Melina, o estado dela nesse momento e de uma criança, mas seu Espírito já viveu muitas outras vidas. Pensei que já tivesse conhecimento disso, já que você ainda permanece como um Espírito na adolescência.

— Desculpe, você tem razão. Por vezes fico tão atarefada e feliz cuidando dessas crianças, que me esqueço disso.

— Entendo, elas são maravilhosas.

— Por que Laura é tão diferente das outras?

— Ela não consegue se perdoar.

— É tão grave assim?

— Nesse momento, para ela, sim. Ainda não está pronta para entender.

— Hilda, quem é aquela moça que sempre a observa? É uma familiar?

— Ela se chama Denise. Por que não se aproxima dela para ouvir a sua história?

— Não. Ela pode não gostar.

— Pois eu tenho certeza de que ela irá adorar conversar com você.

— Será que posso?

— Claro. Vá até lá.

Aproximei-me timidamente de Denise e disse:

— Eu sou Melina. Como vai?

— Acho que bem. Obrigada por perguntar. Sou Denise.

— Observei que todos os dias você vem para ver Laura. Por que não se aproxima dela?

Denise me olhou assustada e falou:

— Não posso.

— Mas, por quê?

— Acho que não devo mais vir aqui. Desculpe-me. – disse Laura, afastando-se.

Corri atrás dela e disse:

— Espere, por favor. Não me interprete mal, só queria ajudar.

— Desculpe Melina. É que quando você me disse para me aproximar de Laura, toda minha vida passou como um filme em minha mente. Tantos os bons momentos, como principalmente os maus.

— Sabe, quando cheguei aqui, estava muito triste e revoltada, mas quando consegui contar a minha história e ouvir a de outros, comecei a me sentir melhor, um enorme alívio. Se quiser conversar, estou aqui.

— Ah! Acho que não teria paciência para me ouvir. Tenho uma longa história.

— Pode começar. Temos a eternidade – respondi fazendo uma piada.

— Está bem. Podemos nos sentar no jardim?

— É claro.

— Sabe Melina, eu já fui muito feliz. Não esqueço o dia do meu casamento. Foi o dia mais feliz de toda a minha vida. Acordei cedo. Meu noivo se chamava Gustavo. Conhecemo-nos na faculdade. Ele estava no último ano de engenharia industrial e eu iniciava o curso de medicina. Apaixonamo-nos, começamos a namorar e, após três anos longos e felizes, Gustavo me pediu em casamento.

Gustavo era muito inteligente; durante o curso, fez vários estágios em empresas multinacionais, formou-se com louvor e com uma excelente proposta de emprego. Em pouco tempo, já tínhamos uma vida razoavelmente confortável e uma situação financeira estável, resultado de seu trabalho. Embora ele fosse de família rica, era orgulhoso e não queria ajuda dos pais, sentia-se realizado por ter vencido por meio de seu esforço.

— Então você era médica?

— Não. Larguei a faculdade no fim do primeiro semestre, às vezes sentia-me envergonhada por ter um marido tão bem-sucedido e ter desistido do meu sonho, salvar vidas.

— Por que desistiu do seu sonho? Gustavo não queria que estudasse?

— Muito pelo contrário. Ele sempre me incentivou, até depois do casamento. Na verdade, embora tivesse muita vontade, acho que não tinha nascido para a medicina. Tentei o máximo que pude, mas sentia-me muito mal durante as aulas de anatomia, onde eram estudadas as partes do corpo humano. Não entendia o pavor ao entrar naquela sala, era como se eu sufocasse e, muitas vezes, tinha que me retirar.

— Você era alérgica a alguma substância utilizada na aula?

— Não acho. O fato é que comecei a adoecer, tinha fortes crises de enxaqueca, não conseguia dormir e minha avó achou que eu não tinha nascido para a medicina, pois muitas pessoas passavam mal ao ver sangue, acreditava que era essa a razão, mesmo insistindo que minha reação não era normal, que havia algo que desconhecia. Minha avó quis encerrar o assunto, e decidiu que era melhor que abandonasse a faculdade até sentir-me preparada.

Depois, com o casamento, não quis mais retomar os estudos, queria dedicar-me integralmente ao meu marido. Gustavo era contra, apoiava que eu tivesse uma profissão. Chegou até a me falar algumas semanas antes do casamento que se eu tivesse vontade de me formar em medicina, me apoiaria e pagaria meus estudos. Eu desconversei, alegando que estava atarefada com os preparativos do casamento e que pensaria no assunto, mas eu não tinha intenção de voltar, apenas não quis magoar Gustavo.

— Mas qual era o seu problema com as aulas? Conseguiu descobrir?

— Em vida não, mas depois que desencarnei tive informações que era um Espírito de um dos cadáveres que eram utilizados para estudo. Ele não entendia que estava morto e achava que o estavam machucando. Como eu tinha muito sensibilidade, sentia sua raiva e angústia e passava mal.

— Nossa! Não imaginava que isso era possível.

— Na verdade, eu acho que sabia que era esse o motivo, mas não queria ser diferente de ninguém, entendeu?

— Como assim?

— Desde pequena tinha visões, mas minha avó não aceitava, dizia que eu tinha uma imaginação fértil, na verdade ela desconhecia aqueles fenômenos e tinha medo que eu estivesse enlouquecendo com aquelas visões e não soubesse mais discernir entre os vivos e os mortos.

— Não a culpo. Em vida eu também não acreditava. Que tipo de visões você tinha?

— Algumas vezes eu via Espíritos e em outras escutava suas vozes.

— E o que eles queriam?

— Muitos queriam ajuda, mas outros...

— Outros o quê? – perguntei assustada.

— Eram maus. Eu tinha medo.

— Se você via Espíritos, como não conseguiu ver o que te fazia passar mal?

— Isso foi quando eu era criança, mas quando cheguei à adolescência queria ser uma pessoa normal e não a esquisita da escola. Assim, decidi bloquear todas as lembranças do passado e as visões do presente, até que me convenci de que era apenas minha imaginação. Até que parei de ver.

— É possível parar de ver?

— Não sei, mas consegui por um tempo. Voltando ao casamento,os pais do Gustavo organizaram uma grande festa para mais de 500 convidados, entre parentes, amigos e conhecidos. A minha família era muito pequena e eu não tinha muitos amigos. Meus pais já eram falecidos. Fui criado por minha mãe.

O pai de Gustavo, Sr. Gregório, cuidava do frigorífico da família, eles também tinham uma fazenda onde criavam bois e outros tipos de animais. Dona Lídia, a mãe, cuidava da casa, embora tivesse empregados. Ela participava de eventos beneficentes. Eram muito ricos, mas de uma simplicidade admirável, talvez fossem as pessoas mais amáveis e bondosas que conheci.

— Você teve muita sorte em ter um marido e sogros tão bons assim.

— É verdade, eu tive. Sabe, meu sogro Gregório estava exultante de alegria, sempre sonhou em casar seu primogênito, Gustavo era seu maior orgulho. Eles me tratavam muito bem, por vezes achava que era pelo fato de ter perdido meus pais tão cedo. A mãe de Gustavo me tratava como uma filha.

Estava feliz com minha nova família. Começaria uma nova vida. Queria me libertar de uma vez por todas daquelas tristes lembranças da morte de meus pais num acidente de carro e, quem sabe, me livrar dos pesadelos que nos últimos tempos me atormentavam.

— Que pesadelos?

— Em meus sonhos, uma mulher me perseguia, podia sentir seu ódio. Sentia muito medo, pois não era um sonho comum, era como se eu estivesse realmente vivenciando aquilo, como se conhecesse aquela pessoa. Pensava que isso era resultado dos traumas que sofri durante a vida e tinha uma forte esperança que, ao sair da casa de vovó, que era o centro de minhas lembranças, tudo acabaria, teria paz.

— E depois?

— Os pais de Gustavo cuidaram de todos os detalhes com perfeição. O altar branco dentro do coreto coberto por rosas vermelhas. As cadeiras separadas em fileiras cuidadosamente para que tivessem o mesmo espaço entre cada uma, tendo um espaço maior no meio onde foi estendido um enorme tapete vermelho. O dia estava ensolarado, perfeito para um casamento ao ar livre. Do outro lado, mesas decoradas com toalhas vermelhas e um enfeite no centro, semelhante a uma pequena escultura dos noivos, só que feita de doce. Desculpe, estou lhe chateando com minha história?

Denise estava tão empolgada que parecia que vivenciava novamente tudo aquilo. Respondi:

— Claro que não, realmente preciso ouvir histórias felizes. Eu que lhe agradeço por compartilhar comigo.

— Tudo estava muito bem organizado e maravilhoso. Eu teria tudo para ter uma vida feliz e completa ao lado de meu marido, se não fosse por um detalhe.

— Que detalhe é esse? Até agora achei muito linda a história.

— A colheita.

— Você disse, colheita? Agora que não estou entendendo. Mas você não está falando sobre um casamento?

— Sim, claro, refiro-me à lei do retorno. Quando reencarnei, deixei no mundo astral uma grande inimiga, que me odiava e me perseguia. O ódio dessa irmã, que me culpava por sua morte e o meu remorso e medo fizeram com que esse elo não fosse rompido. Esse Espírito estava enlouquecido, não compreendia a verdade. Em seus pensamentos, havia apenas a minha imagem como a causadora de sua morte e de todo o seu sofrimento. A única forma de dissolver esse elo era eu aceitar como filha esse Espírito perseguidor, ensinando-a a amar e nos reconciliarmos.

— E você aceitou?

— Sim.

— E sua filha é a Laura?

— Sim. – respondeu Denise num choro compulsivo.

— Denise, acalme-se.

— Melina será que você se importa se continuarmos nossa conversa depois? Essa parte de minha vida ainda me deixa muito perturbada.

— Claro que não. Quando quiser me procure.

— Obrigada.

Laura

Fiquei emocionada com a história de Denise. Acho que lhe fez bem falar sobre os acontecimentos bons de sua vida, mas eu estava ansiosa para descobrir o que tinha acontecido com Laura e porque ela se comportava daquela maneira. Ela tinha me prometido que voltaria para terminar a história e eu a aguardava.

Durante o tempo que passei com as crianças e também na Colônia, aprendi muitas coisas, mas o principal é que aprendi que é muito reconfortante fazer o bem. O simples fato de você escutar alguém que precisa desabafar já é um ato de caridade. Quando cuidava daquelas crianças e escutava suas histórias, era como se eu me esquecesse dos meus próprios problemas. Eu sentia como se naqueles momentos minha dor diminuísse.

Vovó, certa vez, me disse que quando trabalhamos no bem, ajudando o próximo, nós somos os maiores beneficiados. Isso é verdade. Ela é muito sábia.

Enquanto eu cuidava de uma irmãzinha recém-chegada que chorava pela falta da mãe, Denise chegou. Ela continuou no mesmo lugar, parada, olhando para Laura. Demorei algum tempo até me aproximar dela, pois não podia negligenciar o meu trabalho em troca de minha curiosidade. Sim, curiosidade, afinal eu ainda estava na adolescência.

— Quando finalmente pudemos conversar, Denise me disse:

— Melina, não sei se devo lhe contar essa parte da história. Como te disse, o início foi um conto de fadas, mas agora vem a parte do pesadelo.

— Eu não me importo. – respondi. — Quero ouvir. Quem sabe, tendo conhecimento de tudo o que aconteceu, eu possa ajudar Laura? Afinal esse é meu trabalho aqui.

— Será que poderá ajudá-la?

— Eu farei o possível.

— Bem, podemos dar uma volta? Tenho medo que ela escute.

— Claro, vamos para o Jardim.

— Bem, como lhe dizia, eu aceitei Laura como filha.

— Não entendo muito sobre a reencarnação. Sou novata nisso. Ao menos é o que penso, já que não recobrei totalmente minhas memórias. Mas como aceitou como filha, alguém que a odeia, que quer o seu mal? – perguntei.

— Em vida, embora pudesse ver os Espíritos, também não tinha esse entendimento. Talvez por isso, tivesse tanto medo e me sentisse perdida. Mas aqui estudo muito e descobri que os Espíritos podem estar ligados por sentimento bons ou maus. O fato é que o sentimento negativo desse Espírito por mim era muito forte e precisava ser resgatado por meio da reencarnação, para que esse círculo fosse encerrado. Para que eu também pudesse me libertar.

— E como aconteceu? O que fez quando soube que estava grávida? Você sentia que esse Espírito que seria sua filha lhe desejava mal?

— Estava casada há cinco meses e feliz com minha nova vida. Tudo era perfeito, estava casada com o homem que amava e que fazia tudo para me agradar. Morava num imenso apartamento na região central da cidade, com uma decoração linda. Era um conto de fadas. Numa manhã, quando acordei, tomei banho e preparei meu café. Meu marido estava envolvido em um grande empreendimento imobiliário e nas últimas semanas levantava muito cedo e chegava tarde. Embora isso me chateasse um pouco, sabia que era necessário, ele adorava a engenharia. Peguei uma torrada e passava a manteiga com cuidado, mas o cheiro que antes adorava, fazia com que sentisse um forte enjoo. Joguei a torrada e corri para o banheiro para vomitar.

— E você descobriu que estava grávida nesse dia?

— Não. Achei que era um mal-estar passageiro e não comentei com Gustavo, mas o mesmo aconteceu nos dias seguintes. Após uma semana, eu estava pálida e abatida. Num domingo que Gustavo estava em casa, convidou os pais para almoçarem conosco. Enquanto preparava o almoço, corri para o banheiro para vomitar. Gustavo ficou preocupado e falou que iria ligar para seus pais para cancelar o almoço e me levar ao médico.

— E você foi?

— Não. Disse a Gustavo que não era necessário e que aquilo já vinha acontecendo há alguns dias. Ele ficou bravo por não ter contado. Mas eu disse que apenas não queria preocupá-lo. Mas na verdade, desde o dia em que engravidei, me sentia estranha, esforçava-me para mostrar que estava completamente feliz, mas sentia-me sozinha e um estranho medo invadia meu coração.

— Seu Espírito sabia o que você teria que enfrentar - afirmei.

— Talvez. Antes que Gustavo tivesse tempo de ligar, seus pais chegaram e o almoço estava atrasado. Minha sogra, vendo minha palidez, prontamente deu ordem que eu descansasse e foi para a cozinha terminar o almoço. Tempos depois, ela retornou. Gustavo já tinha lhe contado sobre meus sintomas e ela, com sua experiência materna, me aconselhou a ir ao médico, pois achava que eu estava grávida.

— E você?

— Empalideci, como que entrasse em choque. Um arrepio percorreu meu corpo, como que anunciasse um período de dor em minha vida. Minha sogra, notando meu silêncio, falou que não precisava ficar assustada, pois eles sempre estariam ao meu lado. Pensou que o desespero fosse normal, para uma mãe de primeira viagem, mas minha alma sabia que era algo muito mais além do que isso.

— Não entendo, como podia sentir essas coisas se não nos lembramos de nada quando reencarnamos.

— Podemos não nos lembrar, mas nosso Espírito sabe. A verdade é que me senti muito mal durante quase todo o período de gestação e precisei ficar em repouso absoluto. Finalmente chegou o grande dia, seria uma cesariana, pois a posição que o feto se encontrava não permitia um parto normal. Eu estava nervosa e também muito agoniada, embora aguardasse a chegada de minha filha, algo me amedrontava, era quase um pavor quando pensava no nascimento do bebê. Por vezes, comentei o assunto com minha sogra, mas ela me tranquilizava dizendo que era apenas medo por ser mãe de primeira viagem. Algumas mulheres sentem receio de acontecer algo, dizia.

— Você conseguia sentir amor por esse Espírito que estava em seu ventre?

— Sim, eu sentia. O fato de ter medo, não significava que eu não conseguia amar, afinal era a minha filha e o amor de mãe é incondicional.

— Isso tem razão. Só eu sei o sofrimento de minha mãe quando desencarnei.

— A cesariana procedeu tranquilamente, era uma linda menina. Depois do período de repouso, a enfermeira trouxe a bebê para ser amamentada pela primeira vez. Meu marido, minha sogra e também minha avó estavam no quarto. Estávamos de acordo que o nome dela seria Laura. A enfermeira me entregou o bebê, ela era tão linda. Ela me explicou qual a forma correta para amamentar o bebê e a importância do leite materno enquanto me auxiliava. No entanto, a criança não quis mamar.

— Laura nasceu sentindo o mesmo ódio, mesmo sem saber quem era você?

— Embora ela fosse apenas um bebê, seu Espírito sabia e de alguma forma já começava a me rejeitar. Fiquei desesperada, por mais de uma hora tentei, e nada, pensei que estava fazendo errado, mas a enfermeira achou melhor levar o bebê e alimentá-lo. Senti-me fracassada. Vovó e minha sogra tentaram tranquilizar-me, dizendo que alguns bebês demoram para mamar. Os dias foram passando e a Laura continuava a recusar o meu leite, sem contar que ela chorava desesperadamente em meu colo. Só parava quando era colocada no berço ou era segurada por outra pessoa. Isso me deixava inconsolável.

— E seu marido percebia algo de errado?

— Gustavo, percebendo minha tristeza, ficou preocupado que eu adoecesse. Mas o fato de minha filha recém-nascida não querer que eu a amamentasse e não gostar de minha aproximação me causou depressão. Além de tudo o que acontecia, eu me sentia a pior mãe do mundo por me sentir aliviada quando Laura era afastada. Pensei que estava ficando louca.

— Depressão? Conheço bem essa palavra.

— Eu conheço não só a palavra, mas vivenciei essa doença. Gustavo me aconselhou a procurar uma ajuda profissional, pois algumas mulheres podem ter depressão pós-parto.

— Mas você fez isso? Não é certo. Você não estava doente fisicamente, os seus motivos eram reais.

— Mas eu estava encarnada, não sabia de nada que tinha aceitado em outro plano. Procurei um médico e comecei a me tratar. Tomava remédios fortíssimos. Gustavo, foi um anjo em minha vida, sempre esteve presente.

— Ele já desencarnou?

— Sim.

— E você o encontrou depois disso?

— Preferi não encontrá-lo. Ele foi um Espírito que reencarnou ao meu lado para me dar apoio e me ajudar em minha prova, que infelizmente não consegui cumprir. Talvez, se eu tivesse confiado mais em mim e enfrentado Laura, impondo limites e lhe dando verdadeiramente amor, conseguiria seguir até o fim, mas eu vivia com medo dela e isso fazia com que me afundasse mais e mais nos remédios. Além disso, vivia dopada de tantos calmantes.

— E Gustavo? Ele te procurou?

— Ele não teve permissão por eu não estar preparada e nem Laura, mas soube que ele quer muito nos ver.

— Mas se ela gostava tanto do pai, poderia melhorar ao vê-lo.

— O fato é que ela não reconhece ninguém, vive trancada em seu pesadelo. Isso pode prejudicá-la ainda mais.

— Que triste.

— Os anos passaram, Laura sempre arredia, nunca me deu um beijo ou um abraço. Todas as vezes que tentava me aproximar, ela disfarçava e se afastava. Mas com Gustavo era diferente. Por vezes, achava que ela queria me afrontar ou competir comigo pelo amor de Gustavo. Quando ela completou sete anos, Gustavo quis fazer uma linda festa. Eu decidi me empenhar, tinha esperança que ela reconhecesse meu esforço e também queria fazer algo para me livrar da depressão. Mas, tudo foi em vão, ela nunca correspondia aos meus carinhos.

— Você tentava, pelo que percebi, Laura não colaborava. Ela também tinha essa prova a cumprir. Ela não se esforçou para tentar gostar de você.

— Não podemos julgá-la. Laura sempre foi apegada ao pai, que fazia tudo o que ela queria. Nisso Gustavo também errou, pois a enchia de mimos a tornando uma menina prepotente e arrogante.

— E Gustavo não percebia os defeitos da filha?

— Ela era a princesa dele. Não entendia aquilo como defeito, tampouco a achava arredia, ele chegava a achar graça.

— Talvez, se ele tivesse sido mais enérgico com Laura, ela seria mais aberta à sua aproximação.

— Não o culpe. Ele foi um marido maravilhoso. Só queria o melhor para sua filha única. Mimá-la era uma de suas diversões preferidas. Enquanto ele estava realizado como pai, eu me sentia inútil como mãe. Não sabia por que sentia tanto medo de Laura. Tentava incessantemente lutar contra esse sentimento, chegava a sentir vergonha. Desejava que o meu amor de mãe fosse mais forte.

— Mas você amava Laura?

— Acredite ou não, eu a amava, mas não era suficiente para vencer aquelas sensações que me acompanhavam. Gustavo sempre desconversava quando tocava no assunto sobre Laura, mas eu sabia que havia tempos que ele tinha se dado conta de que a menina me evitava.

— Entendo, ele não queria te deixar mais triste.

— Exato. Laura sempre me olhava com ódio. Na verdade, ela também não entendia a razão daquele sentimento, era apenas uma criança. Mas sabia que não me queria por perto, não gostava de mim.

— Denise, mas você tentou conversar com ela sobre seus sentimentos?

— Nunca tive coragem. Laura começou a pensar que eu atrapalhava a sua felicidade com o pai e, se eu não existisse, o pai teria todo o tempo do mundo apenas para ela, Laura. Mesmo tendo tão pouca idade, ficou imaginando formas de se livrar de mim.

— Como uma criança pode pensar isso? – perguntei aterrorizada.

— Melina, a questão não era a criança e sim o Espírito.

— Que seja; não entendo de onde vem todo esse ódio.

— Eu deveria ter lhe explicado essa parte da história antes de tudo. Desculpe-me se te confundi. Vou lhe explicar com os nomes que conhece para facilitar. Lia, que foi Laura em outra encarnação, era apaixonada por Gilson, agora Gustavo, seu pai. Nunca namoraram, mas ela se sentia sua dona, por se conhecerem desde a infância. Quando Diana apareceu, agora Denise, ou seja, eu, se apaixonaram e em pouco tempo decidiram se casar. Lia não aceitou e disse a Gilson que se ele se casasse ela se mataria. Ele não acreditou. No dia do casamento, Lia entrou na igreja vestida de noiva e cortou os pulsos. Desencarnou ali mesmo. Diana, por sua vez, gravou aquela cena em sua mente e sentiu-se tão culpada, que desistiu do casamento. Os dois não conseguiram suportar aquela situação. Lia adoeceu e morreu e Gilson se tornou um religioso e nunca se casou. Mesmo assim, Lia continuou me perseguindo, após seu desencarne, aliás, a sua obsessão influenciou a minha morte também nessa outra encarnação.

— Denise, me desculpe, mas eu estou confusa. Em outra encarnação, sua filha Laura era apaixonada pelo pai?

— Não, Melina. Gustavo foi pai de Laura nessa encarnação em que foi meu marido. Em outra encarnação os dois eram apenas amigos.

— Ah, sim, me desculpe. Agora entendi.

— Continuando, certo dia, eu estava à beira da janela retirando as cortinas para lavar, quando Laura chegou e eu pedi sua ajuda. Eu realmente tentava vencer meus medos e me aproximar de Laura. Mas a garota não abria a guarda.

— Ela te obedeceu dessa vez?

— Laura, que estava na porta da sala, parada, me olhou ali em cima da escada e começaram a surgir pensamentos. Ela se aproximou lentamente olhando-me fixamente e em sua mente, passava a cena de sua mãe despencando janela abaixo. Morávamos no nono andar. Ela sentiu uma vontade incontrolável de me empurrar. Colocou as mãos na escada com aquele pensamento insistente, como se estivesse em transe. Olhei para baixo assustada e perguntei o que ela estava fazendo, pois poderia me derrubar dali.

— Ela queria te matar? Como você poderia saber os pensamentos dela?

— Na época não sabia. Agora, estou lhe contando os detalhes do que realmente aconteceu, pois tive permissão de saber quando cheguei aqui na Colônia.

— Isso é possível? Saber o pensamento dos outros depois de morto?

— Se isso for lhe ajudar em seu progresso, sim.

— Continue, por favor, não vou mais interrompê-la.

— Laura me olhou assustada. Como ela podia ter pensado em matar a própria mãe? Sabia que não gostava de mim, mas não podia fazer aquilo. Só que, quando ela se virou para ir para o quarto, enroscou seu vestido na escada e, mesmo sem querer, acabou por cumprir sua vingança e tirou minha vida, eu caí pela janela. Num impulso, ela correu e tentou me segurar e acabou despencando também. Ela não pensou, mas se arrependeu e não teve a intenção de me matar.

— Que história triste. Mas ela não fez de propósito. No último momento desistiu e tentou te salvar. Por que continua nesse estado?

— O ocorrido tirou sua sanidade. Ela luta com seus próprios pensamentos. Não consegue entender o que aconteceu e em que situação se encontra. É como se ela ficasse constantemente num estado de choque, sem reações. Em sua mente, ela matou a própria mãe.

— E você conseguiu perdoá-la?

— Sim. Entendi o que aconteceu. Sei que não foi de propósito e a perdoei.

— Será que ela irá se recuperar?

— Não sei. Isso depende dela. Ela pode permanecer assim por mais alguns dias ou por séculos.

— Será que posso tentar ajudá-la?

— Tentar? Claro que pode. Só não acho que conseguirá algum progresso. Muitos já tentaram.

— Sabe, quando cheguei aqui, pensava que a minha história era a mais triste de todas, que ninguém imaginava a minha dor, mas agora me sinto envergonhada por meu comportamento e falta de humildade.

— Melina, a sua dor não é maior nem menor do que a de ninguém aqui, porque para cada um a dor é única.

— Quero tentar me aproximar de Laura.

— Se conseguir me fará muito feliz.

As duas ficaram ali paradas, olhando para Laura com uma grande esperança de vitória.

Merecimento

Passaram-se mais de dois anos desde que comecei a trabalhar na ala onde ficavam as crianças, elas eram muito carinhosas. No início, não compreendia o fato de uma criança desencarnar e seu Espírito continuar na infância, já que passamos por várias encarnações, pensei que deveríamos voltar à forma adulta. Com o passar do tempo, aprendi que quando o Espírito desencarna permanece temporariamente com a mesma mentalidade, até adquirir consciência de sua condição e evoluir. Provavelmente também era essa a razão de eu ainda continuar na adolescência.

Pela primeira vez estava interessada em aprender sobre este novo mundo em que eu estava. Mamãe fazia constantemente orações e suas preces me ajudavam a prosseguir com mais firmeza.

Denise continuava a visitar Laura todos os dias. Por diversas vezes, tentei me aproximar de Laura, mas sem sucesso. Constantemente pensava em como eu poderia ajudá-la. Deveria haver um jeito de chamar sua atenção. Mas como?

Eu estava de folga. Muitos que lá residiam, trabalhavam frequentemente, mas eu ainda precisava descansar.

Estava sentada numa poltrona do lar onde agora eu morava com vovó, quando Virgínia veio visitar-me.

— Melina, como vai?

— Muito bem. Faz tempo que não a vejo.

— Muito trabalho, minha amiga. – respondeu sorrindo.

— Como está seu trabalho com as crianças?

— Muito bem, não poderia querer outro, as crianças são maravilhosas.

— Concordo.

— Que bom que está de folga. Sinto falta de nossas conversas.

— Mas eu não estou de folga e sim numa nova missão.

— Nova missão? Não entendi.

— Vim buscá-la.

— Pra quê?

— Lembra-se que certa vez lhe disse que, se você melhorasse e fosse merecedora, poderia recuperar suas lembranças?

— Sim.

— Pois bem! Você teve permissão e poderá recuperar suas lembranças.

— Relembrar tudo? – perguntei receosa.

— Sim. O que foi? Está com medo? Não se sente preparada?

— Durante o tempo que permaneci aqui aprendi tantas coisas, participei da recuperação de tantas crianças, que acabei me envolvendo emocionalmente com suas histórias e percebi que todos têm problemas. Isso não me parece tão importante agora.

— Exatamente por isso que recebeu autorização. Compreendeu que o passado deve ser deixado para trás, assim também como nossas mágoas e rancores e o único objetivo de resgatar as suas lembranças e para poder corrigi-las e progredir.

— Quero recuperar minhas lembranças, suprir este vazio que ficou. Entender porque Adam me matou.

— E se quando recuperar sua memória se der conta de que não foi ele? A razão de você ter recebido essa autorização é também para que suas suposições sejam esclarecidas, pois tudo o que plantamos iremos colher. Não julgue.

— Mas vi a corrente nas coisas dele, Roger sendo chantageado e a tristeza e o sentimento de culpa que carrega, só pode ser isso.

— O fato de a sua corrente estar com ele não prova nada. Pode estar enganada e sentir-se culpada por ter enviado a ele tantos pensamentos negativos que fizeram com que piorasse sua depressão.

— Meus pensamentos pioraram sua depressão? Mesmo depois de tudo, não quero prejudicá-lo.

— Você ainda o ama?

— Nesse exato momento, eu diria que não sei se o amo, pois embora tenha me esforçado para esquecer, a mágoa e o rancor são mais fortes e me dominam. Sinto vergonha por lhe dizer isso, mas é a pura verdade. Além disso, eu mantinha Adam num pedestal. Ele era perfeito, como um príncipe encantado. Durante o tempo que fiquei na casa dele, conheci o verdadeiro Adam, um ser humano como qualquer outro com suas dúvidas e fraquezas, uma pessoa infeliz que não chegava nem perto daquele que eu imaginava. Não entendo a razão, mas a fraqueza que ele sentia e o levava à depressão e quase ao suicídio me irritava, era quase como se ele não cumprisse algo e me levasse à decepção. Acho que não estou sendo clara com você, não é? Mas nem eu mesma entendo esse sentimento.

— Esse é um grande problema; não aceitar o outro como ele é. Não importa a posição social ou a profissão exercida na Terra, ele é apenas um ser humano sujeito a cometer erros e acertos. Quando amamos, aceitamos a pessoa como ela é. Não foi ele quem te iludiu e sim você própria ao acreditar que ele era perfeito. Não pode julgá-lo por ser como qualquer outra pessoa, ele também está na Terra para aprender e evoluir. Temos que ser maleáveis com os defeitos do próximo e nunca julgar. No entanto, temos que ser duros com os nossos próprios defeitos e tentar sempre melhorar.

— Talvez esteja certa. Eu conhecia o artista, não o ser humano. Confundi a realidade e a ilusão, no entanto isso não diminui a culpa de Adam por ter tirado minha vida.

— No meu caso, eu tive a oportunidade de conhecer o verdadeiro caráter do meu ídolo, antes de desencarnar;, mesmo não sendo o que eu esperava, minha paixão aumentou. Talvez eu gostasse do estilo de vida dele, mas você não conheceu Adam, mesmo agora, ainda não conhece o seu íntimo, porque você causou um bloqueio, uma rejeição por pensar ser ele o seu algoz. Isso com certeza neutraliza qualquer bom sentimento que possa ter em relação a ele, no momento.

— Tem razão. Não consigo ter bons sentimentos em relação a Adam. Estou decepcionada e magoada.

— Acho que você já tem a sua resposta. Só nos decepcionamos ou nos sentimos magoados com as pessoas que amamos, por não aceitarmos uma atitude condenável daqueles em quem depositávamos total confiança. Talvez o seu amor esteja apenas adormecido, aguardando o momento do grande despertar.

Fiquei em silêncio enquanto Virgínia continuava. Não sabia onde ela queria chegar. Por que ela insistia em defender Adam? Ela continuou:

— Foi você quem criou uma pessoa que não existe. Na encarnação presente ele é um ator, seu trabalho é interpretar, não pode identificá-lo com os papéis em que ele atuou. Quando olhá-lo como uma pessoa, quem sabe o entenda. Ainda me impressiono como basta uma fagulha de desconfiança para julgarmos os outros.

— Acha que estou sendo egoísta, mas está enganada. Minha decepção vai além do meu desencarne. A decepção que sinto é algo mais profundo. Às vezes, tenho a impressão de que é algo muito mais antigo. Não sei explicar. É um sentimento muito estranho.

— Talvez esse sentimento esteja relacionado com outras encarnações.

— Isso é possível?

— Certamente. Reencarnamos muitas vezes.

— Acho que lembrar-se lhe fará bem.

— Quero lembrar, mas não tenho muitas esperanças em relação a ele.

— Que falta de fé nas pessoas. Se você ganhasse um presente e a embalagem fosse horrível, ainda assim gostaria de abri-lo e ver o que tem dentro?

— Com certeza, mesmo que a embalagem fosse a mais horrível do mundo, teria curiosidade de saber o que havia dentro.

— Assim deve fazer com as pessoas, ver o que há por dentro, seu interior nem sempre é o que esperávamos, mas também podemos encontrar algo muito mais especial e bonito, que nem nos lembraremos daquela embalagem. Talvez descubra que Adam não é o vilão que você pensa e que há uma história muito maior entre vocês dois.

Virgínia parou em frente a um prédio e continuou:

— Chegamos.

Era um prédio imenso, todo espelhado.

— Não irá me acompanhar?

— Não é permitido, isso só diz respeito a você. Além disso, preciso executar algumas tarefas. Entre. Não tenha medo.

Olhei para Virgínia com profunda comoção e agradeci. Ela sorriu despedindo-se e me desejando boa sorte.

Lembranças Recuperadas

Entrei no prédio e uma moça me levou até o décimo andar e pediu gentilmente que eu aguardasse.

Esperei por alguns segundos. Um senhor aproximou-se sorrindo, ele era negro, alto e magro.

— Melina, eu a aguardava. Soube dos seus progressos. Meu nome é Durval.

Parecia que ele me conhecia há tempos. Será que todos lá sabiam o que eu andava fazendo?

— Tenho me esforçado. – respondi.

— Por isso está aqui.

— Senhor Durval, durante muito tempo só queria recuperar minhas lembranças, mas agora que isso está prestes a acontecer, sinto medo, não sei se quero realmente.

— É natural sentir medo do que não se conhece ou, no seu caso, do que não se lembra.

— Como é feito o processo de recuperação das lembranças?

— Geralmente usamos aparelhos que mostram o que aconteceu, assemelhando-se a um filme, mas não vou usá-lo em você.

— Por quê?

— Seu desencarne foi muito doloroso para seu Espírito, não vou obrigá-la a assistir as cenas de como aconteceu. Utilizarei outro método que irá desbloquear sua mente.

— Está bem.

— Vamos começar, sente-se naquela cadeira e acomode-se.

O processo foi iniciado. Senti um formigamento, começaram as lembranças de minha infância, muitas delas perdidas em minha memória. Mesmo com o Sr. Durval me afirmando que eu apenas me lembraria, era como se o filme estivesse passando dentro da minha mente. Vi meus pais, minha formatura e até o dia em que papai me deu a corrente. Quando chegou no dia do show, senti um pavor imenso, tive medo de continuar e pulei da cadeira, assustada.

— Melina, tudo bem? – perguntou Senhor Durval.

— Sou uma covarde – respondi. — Quando chegou o momento de lembrar-me do meu último dia de vida, me apavorei.

— Não se culpe; já aconteceu com muitos outros. Quer interromper? Talvez seja melhor retornar depois.

— Não. Preciso terminar agora. Tenho que ser forte

— Está bem. Qualquer desconforto me avise.

— Tá legal. Vamos continuar. – respondi receosa.

Voltei novamente para o dia do show. Contorcia-me ao rever aquelas imagens em minha mente. Era horrível, como se minha alma estivesse incendiada e eu vivenciasse exatamente aqueles momentos. Até que terminou.

Fiquei em choque, Durval chamava-me insistentemente.

— Melina, está tudo bem? Melina?

Não consegui responder, aquelas imagens latejavam em minha cabeça.

— Melina? – Durval chamou-me novamente e dessa vez consegui me mover.

— Estou apenas tentando assimilar o que acabei de lembrar.

— Sei o quanto é difícil, mas não permita que isso lhe perturbe. Aceite o que aconteceu e perdoe o seu agressor. Não pense em vingança, isso faria com que ficasse ligada a ele, lhe causando terríveis sofrimentos.

— Mas agora que recuperei a memória, não posso esquecer e ficar alheia a tudo isso. Embora algumas cenas tenham me causado revolta, descobri algo muito importante que libertou minha alma.

— Como assim?

— Adam é inocente.

— Ah, sim. Essa era sua maior preocupação e angústia.

— Na verdade, eu acho que era sim. Acho que meu Espírito não se recuperaria se realmente fosse Adam. No fundo, a dúvida era o meu maior conforto.

— Agora, as lembranças de outras encarnações irão fluir naturalmente e verá que essa não é a única encarnação que você e Adam estiveram juntos.

— Sim, eu já comecei a lembrar-me e estou entendendo porque eu não conseguia ir embora e o verdadeiro motivo de sentir raiva e decepção ao vê-lo com pensamentos pessimistas, depressivo e à beira do suicídio.

— O que lembrou?

— Adam foi um suicida. Antes de reencarnamos, prometi ajudá-lo a ser firme e cumprir sua missão até o final. Tenho que cumprir ou nunca mais nos encontraremos de novo.

— Lembre-se de que você não pode interferir no livre-arbítrio. Cada um é responsável por seus atos.

— Sei disso, mas não posso seguir em frente deixando algo pendente. Não suportarei vê-lo naquele lugar novamente, sem poder resgatá-lo.

— Está convicta disso?

— Sim.

— Então, lhe desejo boa sorte. Não posso obrigá-la a ficar.

— Obrigada por tudo, Senhor Durval.

Despedimo-nos e fui imediatamente procurar vovó, mas ela ainda não tinha retornado de sua missão. Aguardei. Assim que ela chegou, corri para abraçá-la.

— Vovó. Lembrei-me de tudo.

— Fico feliz por ter recuperado sua memória, mas triste por ter visto aquelas cenas.

— Foram cenas terríveis, mas quero prosseguir e deixar tudo isso para trás. De nada me adianta agora ficar remoendo o passado. Há algo mais importante que preciso lhe falar. Quero voltar.

— Pra onde?

— Voltar à Terra. Exatamente para a casa de Adam.

— Não. Isso está fora de cogitação, você é um Espírito e ele está encarnado, não pode ficar ao lado dele.

— Escute, vovó, eu me lembrei do que aconteceu e, acredite, preciso voltar. Agora sei o porquê de me recusar a vir com a senhora. Não era apenas por não aceitar minha morte e sim por haver algo que apenas eu posso resolver antes de prosseguir. Não quero fugir daqui, gostaria muito de ter seu consentimento, mas irei de qualquer forma, sei que não pode me obrigar a ficar, se eu não quiser.

— É, você aprende rápido – disse vovó, começando a ceder. — Não posso obrigá-la a ficar, tem razão, mas temo por você.

— Não precisa, tomarei cuidado. Voltarei assim que tudo estiver resolvido. Prometo.

Vovó ficou em silêncio e eu continuei:

— A senhora sempre soube o que me aconteceu?

— Sim.

— Por que nunca me contou e deixou-me pensando que Adam era culpado?

— Porque tudo deve florescer a seu tempo.

— Sabe que preciso voltar.

— Já que não há outra forma, vou ajudá-la. Só quero que me faça um favor.

— O que a senhora quiser.

— Fique um tempo, para aprender algumas coisas que serão essenciais para a sua proteção e também para não causar mal a Adam e a qualquer outro encarnado. Quando estiver pronta, lhe darei a minha bênção.

— Concordo.

— Vamos, precisamos conversar com alguém.

— Quem?

— Um amigo.

— Mas, antes de ir, também preciso concluir meu último trabalho com uma das crianças.

— Que trabalho é esse?

— Preciso ajudar Laura.

A Recuperação de Laura

Eu precisava voltar para a Terra, mas Laura me preocupava, era quase um desafio ajudar aquela criança que não tinha demonstrado nenhuma melhora durante todo o tempo que lá trabalhei. Tinha que haver uma forma de acordá-la daquele transe. Assim, tive uma ideia muito arriscada que poderia fazer com que ela reagisse, mas estava com medo, pois se desse errado, ela poderia piorar de vez. Decidi confiar na minha intuição e pedir permissão para Denise e também para os trabalhadores mais antigos.

Laura estava no mesmo lugar, sentada em frente à janela, com as mãozinhas como se quisessem segurar alguma coisa. Imagino que em sua mente, ela tentava segurar a mãe que despencava pela janela. Na verdade, no estado em que ela se encontrava, deveria ficar em repouso, numa cama onde pudesse dormir e descansar, mas, por mais que tivéssemos cuidado, ela sempre levantava e voltava para o mesmo lugar. Chegava a dar pena.

Pedi a Denise que não fosse nesse dia. Achei que duas emoções seriam demais para Laura.

Aproximei-me e sentei ao lado de Laura. Ela nem notou minha presença. Por diversas vezes tentei conversar, mas sem nenhum resultado; assim, decidi mudar minha tática e comecei a contar-lhe uma história sem pensar se ela estava ou não prestando atenção. Ali também aprendi que quando a mensagem era passada por meio de uma história, era mais fácil assimilar. Tinha esperança de que em algum momento ela me olharia. Comecei:

— Laura, tenho uma história para contar para você. Não precisa responder, se não quiser, pode continuar a fazer exatamente o que está fazendo, só peço que, se puder, me ouça.

A menina continuou sem se mexer e eu prossegui:

— Era uma vez uma linda princesa, que se apaixonou por um príncipe. Embora ele gostasse muito dela, não era o suficiente para pedi-la em casamento, pois seu amor era como de um irmão. O tempo foi passando e eles estavam sempre juntos e a princesa achava que um dia ele iria ver que também estava apaixonado por ela, mas isso nunca aconteceu.

Parei por um momento e me pus a observá-la para ver se já havia alguma reação, mas nada. O que me fez continuar:

— Acontece que o príncipe conheceu uma moça, se apaixonou e a pediu em casamento. A princesa ficou furiosa, não queria permitir que isso acontecesse e, num ato de desespero, se matou na frente do príncipe, para que ele guardasse aquela cena e nunca pudesse ser realmente feliz. A moça, por sua vez, não tinha culpa nenhuma, mas a princesa a odiava e depois que tirou sua própria vida, continuou a persegui-la mesmo desencarnada, certa de que ela era a culpada. Mas a princesa estava enganada, porque não havia culpados. Assim, devido à enorme tristeza e à obsessão, a moça adoeceu e acabou desencarnando. Depois de muito tempo, se encontraram no astral, a moça perdoou a princesa e queria ajudá-la, assim decidiu aceitar como filha, aquela que um dia lhe causou tanto sofrimento. Por sua vez, o príncipe também aceitou ajudá-la.

Laura continuava sem reação, era minha última tentativa, não poderia falhar. Não queria voltar com o sentimento de deixar algo inacabado, como a recuperação dela. Fiz uma oração pedindo auxílio e prossegui:

— Então, o príncipe e a moça reencarnaram e receberam a princesa como filha. A moça queria muito que a princesa a amasse, mas não conseguiu. A princesa, que ainda trazia em seu espírito o ódio, a mágoa, achava que ela era culpada. Mesmo como filha, planejou tirar a vida daquela que agora era sua mãe. Mas, sabe o mais importante de tudo isso? É que a princesa se arrependeu no último momento e não empurrou a mãe da janela. Pelo contrário, a mãe caiu por acidente e a princesa também caiu, tentando salvá-la, mostrando que o amor tinha vencido.

Estava tão empolgada contando o final da história, que não havia percebido que Laura estava olhando para mim. Emocionei-me e terminei a história me segurando para não chorar de tanta felicidade. Ela tinha reagido. Em todo aquele tempo ela nunca prestara atenção em ninguém. Continuei, não queria perder a sua atenção:

— Nenhuma das duas teve culpa no acidente. A mãe da princesa quer muito vê-la porque aprendeu a amá-la, mesmo diante de tantas adversidades e, sabe o que mais? O príncipe está bem aqui para vê-la, porque ele também a ama muito.

Laura, pela primeira vez, desde que chegou pronunciou algumas palavras. Nunca senti uma emoção tão forte; era uma mistura de felicidade, com satisfação de dever cumprido. Ela perguntou:

— Essa princesa, sou eu?

Respondi já com lágrimas nos olhos que não consegui impedir:

— Sim querida, você é a princesa e o seu príncipe, que agora é seu pai está aqui para vê-la.

Nesse momento, Gustavo entrou e ficou parado na frente de Laura, que se levantou e o abraçou num choro compulsivo. Ficou assim por vários minutos. Quando ela começou a se acalmar, olhou para Gustavo e pediu perdão.

Que cena maravilhosa! Agora eu poderia terminar minha missão na Terra, tinha certeza de que Laura se recuperaria e logo também estaria junto de Denise. Estava feliz e satisfeita, com a sensação de dever cumprido. Realmente eu estava aprendendo muito na Colônia e começava a olhar as coisas de outra forma, não com ódio e rancor, mas com caridade e amor.

Regresso à Terra

O tempo passou rápido e aprendi muitas coisas. Laura estava se recuperando ao lado do pai, mas ainda não tinha se encontrado com Denise. Eles queriam que ela se equilibrasse primeiro.

Vovó mais uma vez tinha razão, eu precisava me preparar para poder ajudar um encarnado. Agora eu poderia ir com mais segurança, contudo, antes de partir, eu precisava realizar algo muito importante: perdoar a pessoa que tirou minha vida. Foi difícil, mas depois de tantas coisas que ouvi e aprendi na Colônia, acredito que consegui, ao menos não o odiava, não queria me vingar. Na verdade, não sentia afeição, pena ou qualquer outro sentimento benévolo, talvez não fosse o correto, já que devemos perdoar e nos reconciliar, mas naquele momento era o que eu podia fazer e para mim era o suficiente. Não o odiava e não queria me vingar, já bastava.

Enfim chegou o momento de retornar à Terra. Em pouco tempo estava novamente na casa de Adam. Não tinha ninguém na sala. Adam tinha trocado os móveis antigos por outros de cores escuras. Achei aquele ambiente muito triste.

Na parede havia um calendário pendurado. Estive ausente por vários anos. Mesmo tendo voltado ao lugar que eu queria, sentia falta da Colônia. Lá eu tinha Vovó e Virgínia sempre me ensinando e auxiliando, aqui estava sozinha.

Fui até o quarto de Adam e o encontrei deitado na cama e, para minha surpresa, ele estava com as minhas cartas espalhadas. Provavelmente mamãe enviara todas.

Ele estava irreconhecível, magro e com olheiras. Na Colônia aprendi sobre comunicação por pensamentos, talvez agora pudesse conhecê-lo melhor e compreendê-lo.

Ele se questionava sobre as cartas. Não entendia porque uma pessoa teria enviado tantas e, de uma hora para outra, parou sem qualquer explicação em uma última carta de despedida.

Adam não tinha consciência da verdadeira razão de sentir-se tão agoniado, mas seu Espírito queria libertar-se para encontrar a pessoa que sempre amou. Agora eu sabia.

Ele nutria um forte desejo de conhecer a autora das cartas. Imagine, ele queria me conhecer. Pensava que eu era diferente das outras fãs, que o aceitava como ele era. Mas na verdade era seu Espírito que sabia que era eu que tentava ajudá-lo a ficar na Terra, mas ele não queria esperar e ansiava desesperadamente para vir ao meu encontro.

Quando encarnada, eu achava que tinha escrito aquelas cartas para o Adam artista e não para uma pessoa comum, que tinha conquistado meu coração ou, pelo menos, eu pensava isso porque agora eu descobrira a forte ligação que temos. Nada é por acaso.

De alguma forma, eu sentia que ele precisava daquelas palavras de incentivo e até de críticas. Escrevi coisas que pensava saber e sentir para uma pessoa que pensava conhecer. Talvez inconscientemente eu realmente sentisse o que ele precisava.

Era tudo tão complicado. Senti-me péssima, eu o julguei por ele não ser o que eu pensava, mas e eu? Também não era aquela pessoa verdadeira que lhe cativou por meio das escritas.

Ele estava triste. Sentia falta das cartas que tinham se esgotado. Senti um afeto grande em seu coração e fiquei comovida. Não era possível que isso estive acontecendo. Adam estava apaixonado pela autora das cartas.

Fiquei emocionada e penalizada, pois eu não existo, ao menos fisicamente.

Aproximei-me dele e, na porta de seu *closet*, lá estava a mesma sombra que sempre o acompanhava. Eu não podia ver a sua fisionomia, mas agora entendia um pouco mais sobre o que estava acontecendo. Ele era um Espírito, provavelmente um obsessor, como eles se referiam na Colônia. Quando ele me viu, saiu em disparada, imagino que como eu estava mais equilibrada, a minha energia o incomodou.

Não dei muita atenção e deitei-me ao seu lado. Fiquei olhando seu rosto transtornado. Lembrei-me do que aprendi na Colônia e enviei-lhe vibrações positivas, que fez com que ele se sentisse melhor. Seu rosto ficou sereno e ele adormeceu.

Seu rosto era semelhante ao de um anjo. Não resisti, tentei tocá-lo. Mesmo não podendo sentir seu corpo físico, senti sua energia. Aquilo me fez bem.

Virgínia estava certa, eu deveria abrir o embrulho e ver o que havia dentro. Mesmo desencarnada, passava pela crise da adolescência, precisava amadurecer para entender meus sentimentos que estavam em conflito. As lembranças de minhas encarnações, embora tenham me esclarecido fatos importantes e assuntos pendentes, também tinham gerado uma grande confusão.

Estávamos juntos naquele momento e ao mesmo tempo separados. Eu não pertencia mais àquele mundo. O fato é que Adam sentia o amor adormecido em seu coração, sem entender a razão e isso tornava tudo muito difícil porque eu também o amava.

Olhei para as cartas e pensei em minha mãe. Como será que ela estava? Teria superado minha partida? A saudade apertou, mas não poderia deixar Adam e ir visitá-la, prometi à vovó que logo que se resolvesse o que me ligava a ele na Terra, voltaria.

Fiquei ali velando seu sono. Pensei em Virgínia. Ela se envolveu com um ídolo e teve um triste fim. Imaginei quantas garotas teriam cometido suicídio por amor a um ídolo que nem sequer sabiam de suas existências. Quantas estavam nesse exato momento, sofrendo. Agora eu me sentia diferente das demais, não só por não ter mais um corpo físico, mas por começar a compreender que o ídolo também é um ser humano. Agradeço muito à Virgínia por ter compartilhado sua vida comigo.

Amanheceu e Adam acordou. Tinha dormido de calça jeans e camiseta, sobre as cartas. Levantou-se e foi tomar banho. Nesse momento, saí do quarto;

mesmo sendo invisível aos seus olhos, preferi dar-lhe privacidade.

Logo Adam desceu com uma pasta preta e a abriu sobre a mesa. Ele tinha guardado as cartas. Olhava os envelopes procurando a cidade onde tinham sido postadas.

O que ele pretendia fazer? Mesmo sabendo a cidade não conseguiria descobrir o endereço do remetente, além disso, não assinei meu nome. Ele estava obcecado, talvez o envio daquelas cartas não tenham sido bom para ele, pois ao invés de acalmá-lo, causaram-lhe uma agonia profunda, porque por mais que ele me procurasse, não iria me encontrar.

Pegou o telefone e ligou.

— Alô? Borges, como vai? Aqui é Adam.

Não sei o que a pessoa respondeu, parecia que eles eram velhos conhecidos, Adam começou a gargalhar em decorrência de algo que ele lhe disse. Adam continuou:

— Preciso de seus serviços com urgência, quero que vá até uma cidade e inicie uma investigação. Preciso muito encontrar uma pessoa. Espero-lhe aqui em uma hora. Até mais.

Despediram-se e Adam desligou o telefone.

Ele pediu que o homem fizesse uma investigação. Esse Borges só podia ser um detetive. Imagino que queira descobrir a autora das cartas. Infelizmente ele não terá uma boa notícia e isto só aumentará o seu sofrimento, pois estou desencarnada. Fiquei preocupada com a reação dele.

O detetive chegou à casa de Adam no horário marcado para combinarem o trabalho. Ele era engraçado usava chapéu e casaco, como nos filmes.

Fiquei apreensiva. E quando ele descobrisse que uma mãe angustiada lhe enviou as cartas da filha morta?

Ele poderia se aborrecer com mamãe ou afundar-se na depressão.

No entanto, eu não podia interferir, as coisas deveriam seguir o seu rumo.

Conselho

Adam estava obcecado, tentando descobrir quem lhe enviara as cartas. Eu estava preocupada, não sabia se seria bom ou ruim para ele, no entanto eu precisava encontrar uma maneira de ajudá-lo. Cheguei à cozinha e Dulce estava agitada. Tinha decidido contar tudo para sua mãe. Dona Ana escutava pacientemente suas reclamações enquanto preparava o café.

— Não suporto mais. Ele continua mentindo. – esbravejava Dulce.

— Tem certeza de que o melhor a fazer é contar para sua mãe? E se ela não reagir como você espera?

— Ela tem que reagir e dar um basta.

— Você já pensou que ela pode desconfiar ou até mesmo saber e não querer tomar nenhuma decisão?

— Claro que não. Ela acabaria com a farra dele.

— Você está se envenenando com tanto ressentimento. Acho que não está pensando em sua mãe e sim em você. Espera que ela tenha uma atitude que lhe agrade, caso contrário, ficará ressentida também com ela.

— Não. Faço isso por ela.

— Não julgue antecipadamente. Você se lembra de que lhe disse que um dia lhe contaria minha história? Acho que chegou o momento. Depois disso, reflita e tome sua decisão.

— O que o meu problema tem a ver com a sua vida?

— Com a minha vida, nada. Com sua decisão, tudo.

— Então conte.

— Eu já tive um caso de depressão e traição em minha família. – falou dona Ana pensativa, com o olhar distante, como se estivesse revendo as cenas de seu passado.

— Foi com seu pai? – perguntou Dulce.

— Não. Foi com minha prima Lucélia. Isso já faz mais de vinte anos, mas me lembro como se fosse hoje. Ela era casada com Paulo, já fazia cinco anos. Ele sempre foi muito estranho, em alguns momentos era agradável demais, em outro totalmente rude.

— Mas tinha depressão?

— Não exatamente. Minha prima sempre desabafava comigo. Suas bruscas mudanças de comportamento deixavam-na triste. Por vezes, ele só queria ficar com ela e com o filho de dois anos. E em determinados momentos, era como se Lucélia não existisse para ele, que preferia ficar na rua e chegava tarde da noite. Essas mudanças eram muito rápidas, como se ele se transformasse em outra pessoa. Começava a se sentir deprimido, triste, não queria saber mais de nada e de repente ficava eufórico, falando sem parar, e em algumas vezes até violento. Minha prima enfrentou uma barra. Mas ela era feliz do seu jeito.

— Imagino.

— Pensou que ele estivesse com depressão. Ficou ao seu lado, cuidando com total dedicação. Depois de um tempo, percebeu que seu estado de humor alternava, um dia triste e outro eufórico.

— Mas como ele a tratava? Ele fingia como meu pai?

— Dependia muito de como ele estava. Em alguns momentos, dizia que a amava e não suportaria viver sem ela; em outros a tratava muito mal.

— Não estou entendendo ainda, em que isso ajuda no meu problema?

— Calma, que vou chegar lá. Um dia, flagrei Paulo aos beijos com outra mulher. Fiquei gelada, meu coração disparou. Pensei: "ele é um cretino, suas mudanças de humor se devem à sua falta de caráter e fidelidade". Na mesma hora, fui para casa de minha prima e contei tudo. Não podia deixar que ele a fizesse passar por aquilo. Logo ela, que sempre foi tão atenciosa. E disse que ela tinha que largá-lo, que era um cafajeste e se continuasse seria motivo de risos para a família. Eu estava mais revoltada com a situação do que ela. Não lhe dei a alternativa de decidir por si própria.

— Ela acreditou em você?

— Sim, em cada palavra. Ela também já desconfiava que ele pudesse estar envolvido com outra mulher. Comportava-se friamente com ela. Mas se sentiu na obrigação de tomar uma decisão por causa da minha atitude e de minhas palavras.

— E o que ela fez?

— Arrumou as malas com a roupa de Paulo e quando ele chegou o mandou embora. Disse que até suportaria conviver com os transtornos de humor que ele apresentava constantemente, mas que não aceitaria a sua infidelidade.

— Ela fez a coisa certa. Ele também era um cafajeste.

— Talvez naquela hora ela achasse que era o melhor a fazer, afinal ele havia ferido seus sentimentos e seu orgulho. E eu também achei. Mas o pior ainda estava por vir.

— Ele a agrediu?

— Não. Ele foi embora calmamente, como se realmente fosse aquilo que esperava. Apenas disse que ela estava enganada que ele não a traía. Minha prima sofreu muito. Depois de dois dias, ele começou a ligar e a implorar que ela o aceitasse de volta, rebatendo que eu era uma mentirosa.

— E ela o aceitou?

— Não. Ela acreditava nas minhas palavras. Ele chegou a me ligar e pedir que eu falasse para minha prima que tinha me enganado. Que o homem que eu vi não era ele.

— E o que você fez?

— Disse que não. O pior é que naquele momento eu percebi que havia algo de errado. Era como se ele realmente acreditasse que era inocente. Como se fosse outra pessoa. Como se existissem duas personalidades diferentes. Você me entende?

— Você contou para a sua prima que ele te ligou?

— Sim, no mesmo momento. Ela estava muito magoada por tudo que já tinha passado com ele durante tantos anos e o que ele fizera no final. Estava irredutível, não queria ele de volta. Por semanas, ele implorou para voltar, dizendo que a amava, que ela era a única mulher da vida dele. Minha prima ficou firme até no dia daquela ligação.

— Que ligação?

— O irmão dele ligou avisando que Paulo havia cometido o suicídio.

— Por que ele se matou? Afinal, foi ele quem traiu sua prima.

— Ele havia dito ao irmão, um dia antes, que Lucélia era a sua sustentação. Sem ela não conseguia seguir em frente. Que a única razão para ele ter continuado a viver era por causa dela, ele a amava.

— Se ele a amava porque a traía?

— O irmão contou que Paulo, desde criança, tinha essas crises e se tratava com um psiquiatra. Ele nunca contou nada para a minha prima, porque sentia vergonha. Tinha medo do que ela poderia pensar. Ele tinha uma doença, um transtorno em sua personalidade, que fazia com que ele agisse daquela forma. Ele não conseguia se controlar, quando tinha as crises, não pensava em mais ninguém. A impulsividade que sentia era enorme e fazia o que lhe vinha à cabeça, depois sentia remorso, mas não tinha mais como voltar atrás. Quando percebia, estava fazendo de novo, principalmente quando não tomava os remédios.

— Ele até podia ter um problema, mas não é desculpa para traição. Assim, todo aquele que for infiel pode alegar que está doente.

— Não estou dizendo que ele era inocente, e sim que, no momento em que ele traía minha prima, ele achava que não estava fazendo nada errado. Ele acreditava em sua inocência, como se fosse outra pessoa. Como se fossem duas pessoas diferentes. Ao menos foi isso que o médico nos explicou depois.

— Nossa, ele era mesmo doidinho?

— Não fale assim.

— Você se arrependeu de ter contado?

— Sim.

— Você preferia deixar sua prima sendo enganada e sofrendo pelo resto da vida, porque se ele tinha realmente esse problema, nunca iria mudar.

— A questão não é essa. Depois de um tempo, minha prima passou a me evitar. Era como se toda vez que me olhasse, lembrasse da tragédia. Eu sei que mesmo que inconscientemente ela me culpava.

— Você não tem culpa. Só quis ajudar.

— Agora chegamos onde eu queria. Você também só quer ajudar sua mãe porque a ama, mas será que está preparada para o resultado, se for diverso do que você espera? Está preparada para suportar essa responsabilidade? Talvez se eu não tivesse me intrometido, minha prima tivesse descoberto de outra forma e continuado com ele ou não. Sei que o que pesou mais em sua decisão não foi o amor e sim o orgulho ferido, porque ela achou que tinha que tomar uma decisão para mostrar para os outros.

— Você acha que ela tomou a decisão errada?

— Não sei se ela tomou a decisão certa ou errada, o que quero dizer é que até hoje carrego essa culpa. Por que eu penso que se não tivesse contado, essa história poderia ter tido outro desfecho. O fato não é o que ele fez ou o que ela decidiu e sim que eu não tinha o direito de me intrometer em sua vida. Na época eu não pensava assim, mas depois... Tudo que fazemos, temos que arcar com as consequências.

— Mas se você tivesse contado e não tivesse acontecido nada com ele, não pensaria dessa forma. Muito pelo contrário, estaria feliz por ter livrado sua prima desse traidor e com certeza sua prima estaria muito agradecida.

— Pode até ser, mas o fato é que não podemos prever o que irá acontecer e o resultado foi fatal.

— Você acha que posso sair mais machucada dessa história do que imagino?

— Não só sair machucada, como machucar os outros. Não podemos querer nos colocar no lugar da pessoa e querer que ela tome a decisão que achamos correta no momento, não podemos saber se seria a mesma decisão se fosse conosco. Entende? Não temos o direito de nos intrometer na vida de ninguém e impor uma decisão que constrange aquela pessoa. Fique certa de que não estaremos sendo coniventes com ninguém porque nada escapa aos olhos de Deus e um dia a verdade é revelada.

— E o que devo fazer?

— Entregue nas mãos de Deus. Não julgue e não peça vingança. Cada um recebe de acordo com seus atos. Não coloque sua mãe contra a parede, pois é isso que pretende fazer. A nós será dado conforme os nossos atos; então não pense que seu pai sairá impune se estiver realmente fazendo algo errado. Cada qual colhe o que plantou.

— A senhora tem razão. Acho que devo pensar melhor. Vou entregar nas mãos de Deus para que, se for de Sua vontade, a verdade seja revelada, mas para o bem de minha mão e não para o seu sofrimento.

— Sim, querida. Tenho certeza de que Ele ouviu o seu pedido.

Eu gostava de dona Ana, era uma mulher muito inteligente. Se fosse antes, acharia um absurdo ela dizer para Dulce não revelar a traição. Mas agora compreendia a sua mensagem de que nada escapa aos olhos de Deus. A pessoa que causa um sofrimento para outra, adquire uma dívida que será cobrada mais cedo ou mais tarde. Isso é certo! Quando interferimos na vida dos outros, achando que estamos agindo como instrumentos de Deus, querendo impor a nossa vontade – pois é claro que ela contou com o intuito de a prima se separar –, acabamos por atrair para a nossa própria vida coisas pelas quais não tínhamos a necessidade de passar.

E foi isso o que aconteceu com ela. Penso que mesmo se tivesse contado, mas agido realmente por amor à prima e lhe falado que cabia somente a ela a decisão de perdoar ou não; que a prima não deveria aceitar a sugestão de outras pessoas e que ouvisse o seu próprio coração, porque a vida era dela, talvez sua prima não tivesse se separado e ajudado na doença que supostamente ele tinha, ou ter se separado, mas por sua própria vontade e não por orgulho, por vergonha do que os outros iriam dizer se ela continuasse. É, pelo visto, agora eu estava numa posição privilegiada, porque viver que é difícil.

Sugestão

Adam estava angustiado. A depressão não é algo tão simples de curar. Embora ele tomasse os remédios diariamente, era como se eles não fizessem mais efeito. A depressão que ele apresentava não estava apenas no seu físico, estava também em seu Espírito. O suicídio estava gravado em seu perispírito.

Ele estava cansado, precisava fazer dietas regularmente e também tratamentos estéticos, porque os antidepressivos o faziam ganhar peso.

Estava sentado em sua sala, olhando para o nada, quando dona Ana se aproximou com um chá de camomila.

— Adam, trouxe um chá pra você.

Adam olhou para a senhora com os olhos vazios e pegou a xícara.

— Obrigado.

— Desculpe perguntar, mas tenho achado você muito triste ultimamente. Você não abandonou seu tratamento, não é?

— O tratamento? Não, continuo tomando todos aqueles medicamentos diariamente, como se fossem a minha única salvação, mas acho que não estão adiantando. Continuo a sentir as mesmas coisas.

— Vai melhorar. Tenho fé e sempre peço por você em minhas orações.

— A senhora é tão boa. Sempre se preocupando comigo.

— Você é um bom rapaz.

— Não acho. Se eu fosse bom, não teria essas coisas. Queria tanto ser uma pessoa normal. Não importa o quanto eu tente, parece que estou atolado num poço de lama movediça e, quanto mais me mexo, mais afundo.

— Tudo isso vai passar.

— Mas, quando? Não tenho interesse por minha vida. Tanto faz levantar ou ficar na cama. Não imagina a força que tenho que fazer para me apresentar no show e sorrir sem estar alegre.

— Você está lutando e é forte, pois continua fazendo seu show.

— O que será que fiz de errado pra merecer isso? – perguntou Adam já com lágrimas nos olhos.

— Adam, tudo em nossa vida tem um fim. Algumas vezes, Deus permite passarmos por determinadas situações para que possamos aprender e progredir. Tudo tem uma razão.

— Estou perdendo a minha concentração. Já esqueci as letras de músicas no meio do show e tivemos que fingir que era um defeito da acústica. Tenho que mentir para camuflar os meus problemas cada vez mais e isso só faz com que eu piore.

— Isso pode ser também cansaço. Por que não tira férias?

— Não posso. Se desmarcar mais algum show, vou começar a ter problemas financeiros por causa das altas multas que terei que pagar.

— Tire ao menos um dia e faça algo que gosta. Você tem que lutar contra essa doença. Não deixa que ela te vença.

— Será que é apenas depressão?

— Por que pergunta isso?

— Porque às vezes penso que estou enlouquecendo. Tenho pensamentos que não sei de onde vêm, que me dizem que minha vida não vale nada, que o melhor seria abreviá-la de uma vez, e tem horas, que penso se isso não seria a melhor solução.

Adam achava que eram seus pensamentos porque não podia ver o Espírito ao seu lado sugerindo que tirasse sua vida.

— Nunca mais repita ou pense nisso. Você não sabe o que é o suicídio. Ele não põe fim à sua dor. Ele a prolonga pela eternidade.

— Como pode falar com tanta certeza?

— Porque eu acredito que quando temos um problema em nossa vida, devemos tentar resolvê-lo aqui nessa encarnação. Não adianta tentar fugir, aonde você for ele irá junto. Acredito que quando alguém tira a própria vida, achando que tudo acabará, além de não resolver o problema que a levou a isso, ainda cria um novo: o fato de nunca mais poder resolvê-lo.

— Mas, se a pessoa morreu, acabou.

— Você está enganado. Nosso corpo físico acaba com a morte, mas nosso Espírito é eterno.

— Você está dizendo isso porque é o que a sua religião prega.

— Estou dizendo, porque é no que eu acredito.

— Desculpe, não quis ofendê-la. Eu até acredito em algumas coisas que você diz.

— Não me ofendeu. Cada um acredita no que faz bem para a alma.

— Você já me falou tantas coisas sobre reencarnação, que já cheguei até a pensar que talvez o que eu sinto não esteja relacionado à minha vida atual.

— Provavelmente.

— E como posso descobrir o que aconteceu no passado?

— Acho que não deve se preocupar com o que aconteceu no passado. Isso poderia, ao invés de ajudar, prejudicá-lo ainda mais. Por isso Deus nos dá o esquecimento.

— Esquecimento! Essa palavra tem me rodeado ultimamente. – disse Adam, com um triste sorriso nos lábios. — Imagine só. Eu querendo me lembrar do que aconteceu em outras vidas, se é que realmente existem, mas não consigo lembrar o que aconteceu recentemente.

— Tenho certeza de que, assim que se recuperar, conseguirá lembrar-se de tudo. Talvez seja por causa dos medicamentos.

— Assim espero.

— Adam, só tenho mais uma coisa pra te dizer.

— O que é? – perguntou Adam desinteressadamente. Isso também acontecia muito com ele. Começava uma conversa, até chegava a prestar atenção e do nada perdia o interesse.

— Lute. Não desista. Porque se você não acabar com essa depressão, ela acabará com você. – disse dona Ana em tom firme e despediu-se.

Adam a olhou sem dar muita importância e fixou seu olhar no nada.

A Verdade Sempre Aparece

Pela primeira vez, vi Dulce chegar calma, estava com um semblante diferente. Fiquei curiosa. Será que ela tinha contado tudo para a mãe?

— Bom dia, Dulce, como foi sua folga? Divertiu-se? – perguntou dona Ana.

— Dona Ana, muito obrigada. – disse Dulce.

— Obrigada pelo quê?

— Por seus conselhos. Não fosse pela senhora teria feito uma coisa terrível.

— O que você fez?

— Exatamente nada. Ontem, como eu estava de folga, fiquei na cama até mais tarde. Em meu quarto, pensava se deveria contar ou não para minha mãe. Tinha medo de sua reação, mas não contar seria mais uma traição. Meu pai continuava a chegar tarde do trabalho, com certeza estava aprontando. Mamãe era tão doce, não merecia esse sofrimento. Já passava de meio-dia e continuava a me revirar na cama. Meus pensamentos ferviam, imaginando se a senhora estivesse certa, se a raiva que sentia me impedia de enxergar a dor que causaria. De repente, alguém bateu à porta de meu quarto e abriu devagar. Era mamãe.

— Querida, eu sei que hoje é seu dia de folga e que gosta de dormir até tarde para descansar, mas será que poderia se levantar e se arrumar? Temos visitas. – disse mamãe

— Visitas, mamãe? Mas quem? – resmunguei. Na verdade não estava com vontade de ver e nem falar com ninguém.

— São amigos do seu pai. Também não os conheço. – replicou ela.

— Se são amigos dele, não é necessário a minha presença. – respondi secamente.

— Filha, por favor. Seu pai pediu. – suplicou mamãe.

— Está bem mamãe. Vou levantar e tomar um banho. Logo irei para a sala.

E assim eu fiz. Enquanto tomava banho, pensava que meu pai nunca convidava nenhum amigo para ir em casa, muito pelo contrário, ele preferia encontrá-los na rua. Quem seria? Arrumei-me e fui para sala.

Dona Ana ouvia atentamente.

Quando entrei na sala, papai me chamou:

— Dulce, venha conhecer meus amigos.

— E quem eram? Você os conhecia? – perguntou dona Ana, Curiosa.

— Quando me aproximei, entrei em choque. Era a mulher com quem ele estava no bar, acompanhada de outro homem. Fiquei ruborizada de ódio. Como ele se atrevia a levá-la para dentro de nosso lar, onde vivia com mamãe? Ele tinha passado dos limites e aquilo não ficaria assim. Então me decidi a contar.

— Sinto muito. Você contou? – perguntou dona Ana.

— Aproximei-me, fixei os olhos na mulher e fui andando em sua direção, pensando em desmascarar os dois. Era como se estivesse num transe, não consegui pensar em outra coisa, além do ódio que sentia em meu coração. Quando abria a boca para pronunciar duras palavras, senti uma mão em meu ombro e olhei para trás. Era mamãe, como se soubesse a minha intenção. Então ela me disse:

— Filha, essa é Lourdes, ela é médica psiquiatra, e esse é Josué, marido de Lourdes. Ele trabalha com seu pai e tem ajudado muito em sua recuperação.

— Fiquei petrificada e perguntei: "psiquiatra?"

— Sim. Ela é psiquiatra e está tratando seu pai. – respondeu minha mãe.

— Mas eu achei que o papai tinha passado com o clínico e era ele quem o estava tratando. – eu disse confusa.

Dessa vez foi papai quem respondeu.

— Na verdade, eu passei com o clínico, que me encaminhou para um psiquiatra. Não quis falar nada para vocês porque, de início, senti muita vergonha. Sempre pensei que psiquiatra era médico de louco e relutei muito para procurar um profissional nessa área, até que Josué, que trabalha comigo na fábrica, como meu supervisor, começou a perceber que o meu rendimento estava caindo bruscamente e me chamou para uma conversa.

— Seu pai sempre foi um ótimo profissional e não achei normal aquela situação. – disse Josué.

— Sim. Ele me disse que eu poderia estar com depressão e que poderia me ajudar, pois era casado com uma psiquiatra. Na hora, fiquei sem reação, com medo de ser despedido por acharem que eu estava louco, mas ele me explicou que muitas pessoas sofrem de depressão hoje em dia e que tem certo preconceito em se tratar, mas que se eu quisesse poderíamos marcar um dia e ele me encontraria com sua esposa e alguns amigos num lugar neutro, descontraído, e ela me explicaria sobre sua profissão. – completou papai.

— Onde vocês se encontraram? – perguntei, ainda desconfiada, querendo confirmar a história.

— Num barzinho no centro da cidade. Lá a doutora me explicou que o psiquiatra é um médico como qualquer outro e que eu deveria passar por uma consulta, que poderia ser com ela ou com outro, mas era de vital importância que eu fizesse uma avaliação, já que o clínico havia me encaminhado. – respondeu papai.

— Nesse momento, a doutora interveio e me disse:

— Sabe, Dulce, o índice de suicídios entre pessoas com depressão é bem maior para aqueles que não procuram ajuda. Geralmente as mulheres são as que mais nos procuram e conseguem melhorar. Os homens são poucos os que aceitam se consultar e, mesmo assim, somente após a esposa ou algum familiar insistir muito ou até marcar a consulta no lugar dele. Seu pai deu o primeiro passo. Reconheceu que precisava de ajuda.

— Dona Ana, nesse momento a vergonha tomou conta de mim e sem perceber começaram a escorrer lágrimas por minha face. Lágrimas de remorso por ter desconfiado de papai, por tê-lo julgado, de alegria por estar errada e de alívio por ver tudo aquilo acabar. Meu pai me abraçou ternamente, pensava que eu chorava por causa da doença, mas eu sabia que era por outro motivo. Então, tomei a única atitude que poderia. Pedi perdão ao meu pai. Ele me respondeu que não tinha nada para perdoar. Ele também me pediu perdão por não ter me contado antes. Quis me poupar e eu quase acabei com a vida dele.

— Dulce, você percebe agora o que poderia ter acontecido? – perguntou dona Ana.

— Claro que sim, lembrei-me de suas palavras. Não fosse por elas já teria estragado a vida de meus pais e a minha também. Mesmo assim ainda havia algo que não estava bem explicado, porque papai chegava mais tarde em casa? Então perguntei:

— Quando o senhor começou seu tratamento?

— Ele me respondeu:

— No dia seguinte ao encontro no bar. Saía do trabalho, durante a semana e passava nas consultas. Como precisava trabalhar, ela me atendia à noite, por isso, em algumas noites, eu chegava mais tarde.

— E como o senhor está se sentindo agora? – perguntei.

— Estou tomando os medicamentos, mas estou caminhando. Sinto que estou melhorando e quero me curar, por você e por sua mãe.

— E você vai conseguir, querido. Estamos do seu lado. – respondeu mamãe.

— Depois de tudo esclarecido nos sentamos à mesa e continuamos a conversa, animadamente. Senti uma infinita alegria e agradecimento por Deus ter me mostrado a verdade, antes que fosse tarde demais. E em especial por ter colocado a senhora no meu caminho.

— Estou muito feliz por você. – respondeu dona Ana.

Continuaram a conversar e eu fiquei com meus pensamentos. Realmente, como é fácil julgarmos, parece até que é um instinto natural do ser humano, encarnado ou desencarnado. Eu também julguei Adam, antes de recuperar minha memória, e acabei por prejudicar seu estado de saúde com meus pensamentos de raiva e mágoa que lhe eram enviados. Feliz é quem tem a oportunidade de ver a verdade antes de destruir um lar ou até mesmo a vida de outra pessoa.

O Outro Lado

Roger acordou Adam cedo para um compromisso. Eu os acompanhei. Roger dirigiu por quase duas horas. No carro, conversaram sobre o novo CD que Adam estava gravando e também sobre um novo filme que seria estrelado por ele. Ao menos estava ocupando sua mente, isso me tranquiliza em parte, pois, trabalhando, ele não dava espaço para pensamentos negativos.

Interromperam a conversa quando Roger estacionou em frente a uma loja de brinquedos. Adam entrou sozinho. Ele olhava cuidadosamente os brinquedos com um sorriso de satisfação. A vendedora prontificou-se a ajudá-lo. Ela não o reconheceu, ele estava com um boné, óculos escuros e uma jaqueta que cobria até o pescoço. Embora fizesse sol, soprava um vento gelado. Eu particularmente não sentia, mas sondei seus pensamentos.

Ela mostrou vários brinquedos, tanto para meninos quanto para meninas. Adam estava encantado, parecia ter voltado à infância.

Quem será que ele iria presentear? Deveria ser alguém muito importante para se dar ao trabalho de ir pessoalmente comprar o presente, geralmente Roger fazia isso por ele.

Por fim, compraram muitas bonecas, todas diferentes e também bolas, *skates*. Não poderia ser para a mesma pessoa, alguns brinquedos eram bem infantis. Pediu que os embrulhasse individualmente.

Voltou ao carro com as sacolas e prosseguiram a viagem. Rodaram mais 40 minutos, parando em frente a uma casa amarela. Uma senhora muito simpática os recebeu com alegria. Roger pegou as sacolas e eles entraram

Era um lugar muito colorido, com muitos desenhos de personagens infantis pintados na parede. Apesar de não ter nenhuma placa identificando o local pareceu-me ser uma instituição para crianças.

Adam entrou numa das salas onde as crianças estudavam, todas correram para abraçá-lo, derrubando-o no chão. Ele riu achando graça. Depois que as crianças se acalmaram, Adam pegou as sacolas e distribuiu os presentes, um para cada criança. Os pequenos vibravam de alegria. Isso me fez lembrar o tempo que passei trabalhando na ala das crianças da Colônia. Elas são tão sinceras e espontâneas.

Ele sentou-se no chão da sala com as crianças, brincou e contou histórias. Pela primeira vez eu o via verdadeiramente feliz. Roger voltou para o carro.

Uma senhora de óculos o chamou para ver algo, ele levantou e disse às crianças que logo voltaria, no entanto elas não queriam largá-lo.

Ela o levou até um quarto e mostrou-lhe uma nova criança que tinha chegado naquela madrugada. Era um bebê recém-nascido. A senhora contava a Adam que era um menino com poucos dias de vida, tinha sido encontrado num caixote na porta do hospital da cidade. Depois de ser tratado foi encaminhada para a instituição.

Adam pegou o pequeno no colo e o ninava. Senti uma forte emoção que fez renascer a paixão que um dia senti, enquanto encarnada, e do amor que habitava dentro de mim por várias encarnações. Era um sentimento puro que me causava enorme bem-estar ao lado dele. Nesse momento, tive a certeza de conhecer o verdadeiro Adam há muito tempo. Aquele era o meu verdadeiro Adam.

Comecei realmente a admirá-lo. Um homem que anonimamente levava felicidade e ajudava crianças abandonadas com tanto carinho e não se valia disso para aparecer na mídia. Entendi a razão de sua felicidade, com aquelas crianças ele era apenas Adam, uma pessoa comum, não precisava provar nem mentir para que fosse aceito. Percebi o quanto era difícil ser ele e me envergonhei por julgá-lo.

Não me cansava de olhá-lo. Lembrei-me de outras encarnações e do forte amor adormecido por um longo tempo e que agora se libertava.

Adam colocou o pequeno no berço, brincou um pouco mais com as crianças e depois se despediu. Voltamos para casa. A satisfação que ele sentia era indescritível e a minha também.

O Detetive

O celular de Adam tocou, era o detetive Borges com notícias sobre a investigação. Logo ele chegou à mansão e Adam o recebeu ansioso.

— Entre Borges, como vai?

— Excelente, e você?

— Ansioso. O que descobriu?

— Fui até a cidade que me pediu e fiz algumas descobertas. É uma cidade pequena, tem apenas uma agência do correio. Conversei com as funcionárias e uma delas me contou quem levava as cartas. A funcionária também é sua fã e prestou atenção no destinatário.

— Ela disse quem era?

— Bem, segundo ela, era uma senhora quem as levava.

— Uma senhora?

— A atendente acabou fazendo amizade, pois todas as semanas ela postava uma carta. Descobriu que a mulher mora no mesmo bairro que um parente dela. Informou-me as proximidades do endereço e fui ao local, investiguei com os vizinhos e descobri onde ela mora.

— Tem certeza que é ela? – perguntou Adam, confuso.

— Vigiei a casa por algum tempo e a descrição que a atendente forneceu é idêntica à mulher que chegou. Tem mais uma coisa, ela é casada.

— Que estranho, por que escreveria aquelas cartas?

— Talvez não esteja bem emocionalmente. Soube que ela tinha uma filha que morreu há alguns anos. Foi uma grande perda para os pais e também para os vizinhos, disseram que era uma menina muito doce.

— Eles comentaram como ela morreu?

— Foi uma morte trágica para todos e não quiseram entrar em detalhes, eu preferi não insistir, eles poderiam desconfiar. Se quiser posso voltar lá para descobrir.

— Por que ela me enviou todas aquelas cartas?

— Talvez seja uma válvula de escape para o sofrimento.

— Pode ser. Ainda assim quero saber a razão. Não havia só palavras naqueles papéis, estavam carregados de sentimento. Era como se a minha vida inteira eu esperasse por seu contato. Preciso saber o que está acontecendo.

— O que pretende fazer?

— Vou à casa dessa senhora.

— Como? Você é famoso e é uma cidade pequena, será reconhecido assim que colocar os pés lá.

— Não se preocupe, tenho os meus disfarces.

— Nesse caso, vou com você.

— Está bem. Sairemos amanhã à tarde. De manhã, preciso ir à gravadora.

— Venho buscá-lo. Iremos no meu carro para não correr o risco de algum *paparazzo* nos seguir.

— Combinado, até amanhã e obrigado.

— Não tem que me agradecer é o meu trabalho.

Despediram-se e o detetive foi embora.

Senti um calafrio. No dia seguinte, eles iriam até a casa dos meus pais. Poderia revê-los, mas estava preocupada com o que poderia acontecer. E se Adam se enfurecesse e maltratasse minha mãe?

Não queria que isso acontecesse. Sei que a intenção dela não era prejudicar Adam. No fundo, ela não pensava que ele realmente iria ler aquelas cartas.

Sem Rumo

No horário marcado, Borges apareceu e fomos para a casa dos meus pais. Durante a viagem, Adam contou ao detetive desde o início como as cartas o ajudaram com a depressão e que por essa razão ele queria conhecer a autora.

Paramos em frente à minha casa e Borges desceu primeiro. Tocou a campainha e mamãe saiu para atendê-lo. Passava das 18 horas e papai ainda não tinha chegado.

— Boa noite Senhora. – cumprimentou Borges.

— Boa noite.

— Posso lhe falar por alguns minutos?

— Sobre qual assunto? – perguntou mamãe, desconfiada.

— É um assunto delicado. Um amigo precisa vê-la com urgência. – apontou para Adam, que desceu do carro e aproximou-se do portão. Mamãe olhou por um tempo sem reconhecê-lo. Ele, percebendo que ela estava em dúvida, retirou o boné. Ela assustou-se ao ver que era exatamente o rapaz para quem tinha enviado as cartas.

— Você é aquele artista, Adam?

— Sim, senhora, sou eu. Se não for incômodo poderíamos conversar?

— Claro, entre antes que as pessoas se aglomerem em meu portão.

Mamãe imaginava que ele havia descoberto sobre as cartas.

— Obrigado.

Mamãe pediu que se acomodassem no sofá da sala enquanto buscava um café. Retornou pouco tempo depois. Quase senti o gosto. O café que ela prepara sempre foi delicioso.

Ela aparentemente estava melhor e deveria estar mesmo. Passaram-se anos desde o meu desencarne. Estava diferente fisicamente, tinha engordado e usava roupas largas. Ela serviu o café e sentou-se no outro sofá.

— A senhora não irá tomar o café? – perguntou Adam.

— Não, ando um pouco enjoada ultimamente.

— Está doente? – perguntou Adam.

— Não, estou grávida.

— Desculpe senhora, não notei de imediato.

Então mamãe estava grávida? Também não tinha percebido, a barriga dela não está tão grande, deve estar de poucos meses de gestação. Fico feliz, ela e papai devem recomeçar a vida.

— Não se desculpe, como iria saber? Está no início da gravidez.

— Bom, não quero incomodá-la, ainda mais nesse estado, mas a senhora poderia dar uma olhada nessas cartas?

Adam entregou as cartas para mamãe que as recebeu carinhosamente e respondeu:

— Ah! Entendo. Está aqui por causa das cartas. Como conseguiu descobrir meu endereço, se o remetente não estava identificado?

— Tenho meus métodos. Foi a senhora quem enviou essas correspondências?

— Sim.

— Estou confuso. A senhora é casada e está grávida. Por que as escreveu?

— Eu disse que enviei as cartas e não que fui eu que as escrevi.

O coração de Adam disparou.

— Se não foi a senhora, então quem foi?

— Minha filha.

O rosto de Adam se iluminou, como se estivesse prestes a encontrar a razão de sua vida.

— Ela está em casa? – perguntou ansioso. O detetive devia ter se enganado; a menina que morreu não era filha única.

— Não. – respondeu mamãe tristemente.

— Onde ela está? Gostaria muito de conhecê-la.

— Tenho certeza de que ela adoraria conhecê-lo pessoalmente.

— Então me deixe falar com ela.

— Creio que não será possível. – mamãe procurava as palavras certas para explicar o que aconteceu. Relembrar era como se sua ferida, que cicatrizava lentamente, fosse novamente aberta.

— Ela escreveu todas essas cartas, mas não quer falar comigo? Isso é uma brincadeira?

— Não é nenhuma brincadeira, tenho certeza de que o maior sonho de minha filha seria conhecê-lo, mas ela não pode falar com você, nem com ninguém.

As lágrimas começaram a escorrer pela face de mamãe. Adam olhava sem entender. Ela continuou:

— Por favor, venha comigo, vou lhe mostrar algo.

Adam levantou-se e acompanhou mamãe que o levou ao meu quarto. Fiquei surpresa, ela não mudara nada, tudo estava exatamente no mesmo lugar. Até o pôster que ela arrancou foi recolocado na parede.

Ele ficou em silêncio olhando a decoração, não sabia o que falar ou pensar. Aguardava mamãe continuar.

— Adam, esse é o quarto de minha filha. Ela te idolatrava, como pode perceber. Era uma menina maravilhosa e sonhava te conhecer. Todas aquelas cartas foram escritas por ela, contudo nunca teve coragem de enviar. Era muito tímida.

— Por que se refere a ela no passado?

— Porque é a única forma que tenho para falar. Ela... Morreu.

Adam sentiu uma vertigem, uma dor no peito, como se tivesse levado uma punhalada.

— O quê?

— Sim, já faz quase quatro anos.

— Isso não é possível.

Mamãe continuou:

— Ela tinha tanta vontade de assistir ao seu show que, mesmo sentindo um aperto em meu peito, permiti. Meu marido me disse que ela era uma menina responsável e que não haveria problema. Eu também resolvi dar um voto de confiança. Infelizmente nos enganamos; nunca devíamos ter permitido que fosse. Ela nunca mais voltou.

— No meu show? Não é possível. O que aconteceu?

— Até hoje a polícia ainda não descobriu. A única coisa que sabemos é que ela foi dopada, estuprada e assassinada.

Adam ficou sem rumo. Estava apaixonado por alguém que não existia mais, que estava morta. Não conseguia pronunciar uma palavra. Mamãe continuava a contar.

— É muito difícil tocar nesse assunto, ela era nossa única filha. Como pode ver, até hoje não consegui me desfazer de nada que pertencia a ela. Antes de me deitar venho aqui para lhe dar boa noite. Às vezes, até falo sozinha, como se ela pudesse me escutar. Conto como foi meu dia, da saudade que sinto... Tem sido muito difícil.

— Imagino, senhora, o tamanho de seu sofrimento, pois acredite que mesmo sem conhecê-la, meu coração está despedaçado. Mas por que essas cartas? – perguntou entre lágrimas.

— Um dia, olhei em seu armário e achei uma caixa com muitas cartas. Todas tinham o seu endereço e seu nome. O remetente era assinado apenas como "M", que é a primeira letra do nome dela.

— Mas por que enviou as cartas, se ela já tinha falecido? Não pensou quanto sofrimento poderia me causar? – perguntou Adam, em desespero. O que ele faria agora, se a única razão de querer se recuperar já não existia mais?

— Não foi minha intenção. Quando eu enviava as cartas, imaginava que minha filha estava comigo. Nunca pensei que você realmente chegaria a ler ou se importar. Afinal, você é um artista famoso, com milhares de fãs.

— Me desculpe, senhora, não quero ser rude, mas eu não sou apenas um artista, sou um ser humano que tem sentimentos.

— Eu que peço desculpas, não imaginei que aquelas cartas pudessem deixá-lo dessa forma. Só quis que minha filha ficasse um pouco mais comigo através delas. Ela era muito especial. Desculpe se fui egoísta.

— Tenho certeza que sim.

— Pouco tempo depois daquela tragédia, assisti uma reportagem contando que você estava internado, com depressão. Na hora me senti revoltada e com raiva, porque, se ela não tivesse ido ao seu show, ela estaria viva e comigo. Depois pensei que minha filha gostaria de fazer algo para ajudá-lo e aquelas cartas eram tão lindas. Comecei a enviá-las. Quando as cartas acabaram, também sofri por ter que enfrentar a realidade. Assim, eu e meu marido conversamos e decidimos ter outro filho, não para substituí-la, mas para tentarmos preencher um pouco nosso coração dilacerado.

Adam estava angustiado, mas comovido com a atitude de mamãe.

— Mesmo não aceitando o que a senhora fez, eu a compreendo e respeito sua decisão. As cartas trouxeram um pouco de felicidade para minha vida vazia. Mas agora...

— Sinto muito.

— Poderia me mostrar uma foto dela?

— É claro.

— Como era seu nome?

— Melina.

Mamãe abriu o guarda-roupa e pegou meu álbum de fotos, entregando-o para Adam.

Ele o abriu e o folheava lentamente, prestando atenção a cada foto. Iniciou na infância e as fases foram passando. Na última foto, ele parou e recordou meus traços, lembrou-se da minha fisionomia e lembrou-se da última cena que viu antes de ser internado: eu entrando em seu camarim.

As lágrimas despencaram. Aquelas não eram lágrimas de saudade e sim de dor. Dor por lembrar-se tão vividamente daquela menina no dia do show e por não se lembrar do que aconteceu depois. Desespero por ter perdido talvez a única pessoa por quem ele se apaixonou, mesmo sem saber quem era.

O pior era a sensação que ele sentia de ter perdido novamente seu grande amor, como se aquilo já tivesse acontecido. Como se ele já tivesse vivenciado aquele sofrimento. Não sabia se conseguiria suportar. No entanto, não tinha coragem de contar isso para aquela pobre mãe que carregava aquele imenso sofrimento.

— Sua filha era linda.

— Obrigada.

— Sinto muito por ter feito com que a senhora remexesse nessa ferida que ainda está aberta. Quero que saiba que nunca esquecerei sua filha.

Começou a chorar descontroladamente. Mamãe o abraçou, emocionada, eu também estava comovida. Apesar de estar desencarnada, conseguia sentir as emoções. O sentimento que Adam nutria estava me desestruturando. Precisava ir embora logo ou nunca mais conseguiria deixá-lo e isso não seria bom pra nenhum de nós dois.

Precisava falar com vovó, para não fracassar em minha missão; este amor estava ficando cada vez mais forte e perigoso. Eu não podia mais ficar com Adam nessa encarnação.

A Corrente

Retornamos para a casa de Adam. Durante todo o caminho ele permanecia calado, mas eu podia ler seus pensamentos. Ele estava arrasado.

— Sinto muito, Adam – disse o detetive, solidário. – Deveria ter colhido mais informações antes de trazê-lo.

— Não se culpe, Borges, como poderia imaginar que a mãe enviava as cartas da filha falecida?

— É o meu trabalho. Eu falhei nessa investigação. Deveria ter perguntando mais coisas, no entanto não quis ser indiscreto para que não desconfiassem e acabei deixando escapar um detalhe essencial. Está decepcionado?

— Decepcionado não é bem a palavra, estou arrasado. Eu desejava muito conhecer a autora daquelas cartas e agora sei que isso nunca acontecerá.

Adam ficou em silêncio, ele sabia quem era a autora, a garota que entrou em seu camarim. Ainda que não se lembrasse dos detalhes, começava a sentir minha presença ao seu lado. Tinha quase certeza de que não era um sonho, tampouco efeito das drogas. Ele realmente tinha me visto.

O detetive achou que não tinha realizado uma boa investigação e que seu cliente estava insatisfeito, não imaginava que Adam tinha um motivo maior para aquela tristeza.

Ao chegar à mansão, Adam pediu que Borges parasse o carro em frente ao portão, ele queria caminhar um pouco para espairecer.

Adam sentou-se a beira da fonte que ficava no meio do seu jardim, pensava que o destino estava sendo irônico e cruel com ele, ligando-o a alguém que já não mais existia.

Por que todos os seus passos o ligavam a Melina? Como podia a mesma garota que entrou em seu camarim ter morrido no dia do seu show e ser a autora daquelas cartas? Ele a reconheceu pela foto, aquele rosto não saía do seu pensamento, mas preferiu não comentar, porque teve medo da reação de mamãe e também do detetive, porque ele não sabia explicar o que aconteceu. Por mais que Roger insistisse que era uma alucinação, eram muitos os fatos que o faziam acreditar que eram reais. Lembrou-se do show.

Ele entrou no palco e começou sua apresentação. Quando terminou foi para o camarim e sentou-se numa cadeira. Pegou um copo com água e o olhava fixamente, como se estivesse em dúvida se deveria ou não bebê-lo. Tomou um gole do líquido do copo e o levava novamente à boca, quando viu alguém abrir a porta, era eu quem estava lá. Ele ficou surpreso; colocou o copo sobre a mesinha ao seu lado e sentiu seu coração acelerar, não sei se era pelo veneno ingerido ou emoção em me ver. Pediu licença e correu para o banheiro. De repente, a memória dele apagou-se. Só se lembrava de quando acordou, na clínica.

Entristeceu-se e deitou-se no banco, ao lado da fonte. Ficou olhando as estrelas, era noite de lua cheia e a luz do luar diminuía a escuridão daquele imenso jardim.

Minutos depois, ouviu vozes, reconheceu que uma delas era de seu primo Roger, o outro ele não identificou. Eles estavam discutindo, Adam permaneceu ali em silêncio, ouvindo a conversa; como estava escuro, eles não o viram.

— Roger, você ainda nos deve dinheiro – dizia irritado o desconhecido. — O seu prazo se encerra dentro de 48 horas, se não nos pagar irá se arrepender.

— Acalme-se, por favor, vou conseguir o dinheiro. Pagarei tudo – respondia Roger desesperado e com medo. — Só preciso que me deem um pouco mais de tempo.

— 48 horas, é só o que lhe daremos.

— É uma quantia muito alta, não tenho esse dinheiro.

— Seu primo tem muito dinheiro, essa quantia não lhe fará falta.

— Não posso desviar todo esse dinheiro de uma só vez ou ele irá desconfiar.

— Desconfiar? Ele é um otário, há tempos que você o rouba e ele nunca percebeu.

— Mesmo assim, preciso ter cautela. Ele não anda bem de saúde.

— Isso é problema seu. Não me importa onde arrumará o dinheiro, desde que nos pague.

— Escute, vamos fazer um trato: Já lhe dei muito dinheiro, eu sempre lhe pago. Me dê mais uma chance.

— Chance? Deve ficar feliz por termos guardado segredo até agora.

— Não. Por favor, não faça isso. Arrumarei o dinheiro.

— Agora estamos nos entendendo. Onde está seu primo?

— Ele não está em casa, deve ter viajado. Saiu cedo e não me avisou.

— Pelo visto, seu primo está lhe deixando de lado.

— Ele sempre faz isso, não gosta de dar satisfações. Só me avisa quando quer que eu o acompanhe.

— Aguardarei. Você nos leva o dinheiro que nos deve ou todos irão saber. Tenho certeza de que teremos uma ótima oferta da imprensa pelo nosso segredo. Até mais do que você nos deve.

— Não será necessário. Agora, vão embora, antes que os empregados os vejam.

O homem foi embora olhando para os lados, como se tentasse se esconder. Roger entrou em casa e foi direto para o escritório onde ficava o cofre. Ele tinha a combinação; Adam sempre confiou nele para cuidar da parte financeira. Depois que Roger entrou, Adam foi cuidadosamente atrás dele, sem que fosse percebido.

Roger abriu o cofre e retirava uma grande quantia em dinheiro quando Adam o surpreendeu.

— Por que está retirando dinheiro do cofre agora?

— Oi, primo, não o vi chegar. – respondeu Roger assustado por ter sido pego. — Preciso fazer o balancete.

— Mas a essa hora? Pode fazer o balancete amanhã.

— Sabe que gosto de tudo organizado.

— Ou será outro o motivo de estar retirando tanto dinheiro do meu cofre?

— Que motivo seria? Sabe que só pego o suficiente para pagar as suas despesas.

— Na verdade, acho que está me roubando.

— Adam, jamais faria isso com você.

— Será mesmo?

— Sempre cuidei de seus bens. Não confia em mim?

— Pra ser sincero até meia hora atrás eu confiava, depois de ouvir a pessoa com quem você conversava no jardim dizer que sou um otário, que não percebo o desvio do meu dinheiro, passei a não confiar.

— Que homem? Você deve estar tendo alucinações, não havia ninguém comigo.

— Preferia que fosse mesmo uma alucinação a descobrir que meu primo é um ladrão.

— Você está equivocado.

— Equivocado? Como pode fazer isso? Nós crescemos juntos. Meus pais sempre o trataram como um filho e eu sempre permiti que desfrutasse de tudo o que eu tenho. Não seja hipócrita, eu estava no jardim, ouvi toda a conversa. Não tente negar.

A expressão de Roger modificou-se e o rosto de menino ingênuo do interior deu lugar ao ódio.

— Esmolas. Sempre fiquei com os seus restos. As sobras do amor de seus pais e as sobras de sua vida. Você nunca se importou comigo. Eu era conveniente pra você, porque sempre cuidava de tudo. Dos seus bens, dos seus fãs, da sua saúde, das suas inúmeras crises depressivas.

— Sempre lhe tratei como um irmão e meus pais nunca fizeram diferença entre nós.

— Como acabou de dizer, "seus" pais. Eu não tenho nada, nunca tive. Sempre vivi na sua sombra, você nunca se importou em saber o que eu sentia, sobre os meus problemas. Você pode até achar que não, mas eu também tenho uma vida.

Adam não reconhecia mais seu primo. Não deveria tê-lo acusado antes de saber qual era o problema que o estava levando a comportar-se daquela forma. Sentiu-se mal, sabia que em parte Roger tinha razão no que falava; ele nunca perguntou se o primo tinha problemas.

— O que houve com você? Não estou mais te reconhecendo. Que problema é esse que faz com que me engane?

— O que importa agora?

— Se estiver com algum problema é só me dizer, eu lhe ajudarei. Não precisa passar por isso sozinho. São problemas financeiros? Diga-me e eu lhe darei o dinheiro, não é necessário que pegue escondido. Eu jamais lhe negaria ajuda.

— Como sempre, o senhor perfeito acha que pra tudo tem solução. Por que, ao invés de me acusar e tentar resolver os meus problemas, não resolve primeiro os seus e limpa a sujeira que você mesmo fez?

— O que está insinuando?

Roger estava desesperado. Adam não poderia descobrir seu segredo. Então resolveu atacá-lo para se defender. A única solução era inventar algo que desviasse a atenção de Adam.

— Você realmente não se lembra da noite do show ou está apenas fingindo?

— Sabe que não me lembro de tudo.

— É o que você diz.

— Se você sabe de alguma coisa me conte agora.

— A garota que entrou em seu camarim. Até compreendo sua atitude, a menina era lindíssima.

— Você nunca acreditou em mim, disse que era apenas uma alucinação. Efeito dos remédios. Que a garota nunca entrou em meu camarim.

— Eu menti mais uma vez para te proteger.

— E por que eu precisaria de proteção?

— Por que acha que tenho que dar dinheiro àquele homem?

— Não sei; me diga você.

— Para limpar a sujeira que você fez.

Adam sentiu-se tonto, Roger estava insinuando que ele tinha feito algo comigo. Ficou atordoado, pois não se lembrava de nada. Roger continuou.

— Na noite do show, após achá-la caída em seu camarim, praticamente nua, contratei um homem para que a retirasse sem que ninguém percebesse. Agora ele está ameaçando contar tudo, se eu não lhe der mais dinheiro.

— Não pode ser. Não me lembro de nada.

— Infelizmente é a pura verdade. Tentei poupá-lo de todas as formas devido ao seu constante estado de saúde depressivo, mas não suporto sofrer uma injustiça dessas.

— O que foi que eu fiz? Eu a matei?

— Ela estava desacordada e não tinha nenhuma reação e depois foi encontrada morta num terreno baldio e com vestígios de estupro.

— Eu não me aproximei dela.

— Como pode ter certeza, se não se lembra do que aconteceu? Venha comigo, vou lhe mostrar uma coisa.

Os dois subiram até o quarto de Adam e Roger continuou a falar:

— Numa noite precisei de um suéter e procurei em sua gaveta. Sabia que você não usava mais essas roupas que estavam fora de moda, então encontrei isso.

Roger retirou minha corrente da gaveta e entregou a Adam.

Adam a segurou sem reconhecê-la e depois perguntou:

— De quem é essa corrente?

— Da menina.

— Como tem certeza que era dela?

— Eu vi a descrição da corrente que ela usava no dia da morte, nos jornais. Olhe, o nome dela está gravado no pingente.

— Nunca vi essa corrente em minha gaveta.

— Isso porque você nunca usa essas roupas. Já disse que estão fora de moda.

Adam desesperou-se.

— Não pode ser. O que eu fiz?

— Sim, o que você fez? E eu estou apenas tentando limpar a sua sujeira. – Roger fazia aquilo para se livrar das acusações do primo, mas aquilo o incomodava, porque apesar de tudo, ele amava Adam. Como ele poderia ser tão cruel?

— Se você está afirmando que eu fiz tamanha crueldade com essa garota, não posso continuar impune. Devo me entregar à polícia.

— Não. Está louco? Daremos o dinheiro a ele para que fique em silêncio e você continuará a sua vida e sua carreira.

— E você acha que eu conseguirei depois do que você me contou?

— Conseguirá, eu sempre estarei ao seu lado, te defendendo – respondeu Roger aliviado por ter conseguido desviar a atenção do primo e ao mesmo tempo sentindo-se a pior pessoa do mundo.

— Você nunca entenderia. Ela não era apenas uma fã. E eu não vou suportar.

Roger, apesar de sua frieza em inventar aquela história, sentiu remorso e ficou preocupado com Adam, pensou ter exagerado porque, apesar de tudo, o amava como um irmão, mas infelizmente o destino o levou para outro caminho, sem volta. Ele não poderia permitir que descobrissem seu segredo.

Vidas Passadas

Após a conversa com Roger, Adam caiu numa depressão profunda. Tomava medicação diariamente e dormia quase todo o tempo. Além disso, mal se alimentava. Seu empresário achou melhor não interná-lo. Era o médico quem o visitava em casa. Aquela situação afetava sua imagem. Ele tinha emagrecido muito, e estava visivelmente abalado. Foi necessário adiar alguns contratos, informando que Adam tinha contraído uma virose desconhecida numa viagem ao exterior. Ele não poderia ser fotografado tão debilitado, física e emocionalmente.

Se não bastasse sua depressão, aquele Espírito permanecia ao seu lado, por vezes eu o via tão próximo a Adam, que era como se fossem um só.

Eu permanecia ao lado dele. Sentia pena, mas não sabia como ajudá-lo. Temia por sua vida.

Estava perdida em meus pensamentos quando vovó apareceu.

— Melina?

— Que bom que veio, preciso muito falar com a senhora, Vovó.

— Eu sei, senti seus pensamentos de angústia.

— O que devo fazer? Adam entregou-se à depressão. Ele está convicto de que tirou a minha vida. Mas não foi ele vovó, é inocente.

— Isso é perigoso, tanto para ele como para você. Os pensamentos sombrios que ele tem são constantes e podem atrair mais Espíritos obsessores que tenham afinidade com esses mesmos pensamentos.

— Acho que já aconteceu. Sempre vejo um Espírito ao seu lado, mas não consigo identificá-lo. Tento proteger Adam, mas sinto-me fraca.

— Não reconhece mesmo esse Espírito?

— Não. É possível que ele esteja causando a depressão em Adam?

— Um Espírito obsessor pode sim causar os sintomas de depressão numa pessoa, mas também a doença depressão abre as portas para os obsessores.

— Por quê?

— Por causa dos pensamentos. Lembra-se da afinidade. A pessoa com depressão, não consegue ter bons pensamentos, e muitos pensam em tirar a própria vida.

— Não pode ser. Será que Adam seria capaz?

— Nos pensamentos dele existe a ideia constante do suicídio.

— Me ajude, vovó, preciso impedi-lo ou nossa separação será definitiva. Se ele se matar novamente, nunca mais poderemos ficar juntos.

— Ele tem o livre-arbítrio, você não pode interferir. O sentimento de culpa faz com que cada vez mais fique depressivo. Ele carrega em seu Espírito um processo de autodestruição.

— Não posso interferir, mas também não vou simplesmente abandoná-lo e deixá-lo morrer. Preciso avisá-lo de que é inocente ou ao menos alertá-lo para que ele procure a verdade.

— Melina, é muito difícil ajudar uma pessoa que já foi um suicida em outra vida.

— Eu tenho que tentar. Por favor, me diga o que fazer.

Vovó pensou por alguns minutos e depois falou:

— Pode tentar se comunicar com ele.

— Como? Sou apenas um Espírito.

Ora, querida, num dos cursos que frequentou, você aprendeu perfeitamente as formas de comunicação, uma delas é por meio dos sonhos.

— Sim, é verdade. Será que consigo?

— Confio em você, conseguirá ajudá-lo.

— Embora o meu maior desejo seja ajudá-lo, não sei se posso ir até o fim. Temo que, se ficar muito tempo, não tenha forças o suficiente para deixá-lo depois. Eu o amo.

— Melina, sabe que não pode ficar com ele.

— Sim, eu sei, no entanto preciso cumprir minha promessa.

— Querida, sei que no plano espiritual você se comprometeu a ajudá-lo e ele a cumprir essa missão, mas quando reencarnamos é como se fosse colocado um véu sobre nossas encarnações anteriores. Agora você se lembra, porque já desencarnou, mas ele conscientemente não tem essas lembranças. O Espírito dele acha que não consegue e quer desistir. Não depende apenas de você.

— Eu sei de tudo isso, Vovó, mas esse desejo desesperado de ajudar Adam não é uma simples caridade por um ídolo que admirava enquanto encarnada, isso é muito mais forte e antigo. O que eu sinto é amor verdadeiro e não uma paixão qualquer, que nasceu de uma hora para outra. Esse amor já dura várias encarnações. Somos almas gêmeas e, apesar de nos amarmos verdadeiramente, não conseguimos ficar juntos ainda. Sei que já vivemos muitas encarnações, mas o importante neste momento é a que Adam tem gravado em seu perispírito. É dessa que eu preciso que ele se desvincule, porque foi um suicida.

— Então, lute! Quem sou eu para duvidar do sucesso de um amor tão lindo?

Vovó, embora estivesse preocupada, me compreendia. Por instantes me esqueci da presença de vovó e comecei a pensar na encarnação em que Adam se suicidou. Mas ela leu meus pensamentos e me interrompeu.

— Se lembra com detalhes de sua encarnação anterior?

— Sim. Meu nome era Rebeca e meus pais eram muito severos e também muito ricos. Adam chamava-se Juan, ele era filho do mordomo e quando crianças nós éramos inseparáveis. O pai de Juan desejava um futuro melhor para o filho e o mandou estudar num colégio interno. Quando ele se formou e regressou, nos reencontramos e aquele sentimento infantil desabrochou novamente tornando um amor puro e verdadeiro.

— O que era de se esperar. – disse vovó.

— Meu pai descobriu e não aceitou o namoro. Não admitia que a filha tivesse um relacionamento com o filho de um de seus serviçais, embora ele fosse estudado. Decidiu enviar-me para uma viagem, na esperança de nos separar. Foi aí que tudo começou. Eu e Juan não aceitamos a separação e resolvemos fugir. Um dos empregados de confiança de meu pai ouviu e contou a papai.

— E seu pai aguardou o momento certo para colocar o plano que ele havia traçado em prática.

— Exato. À noite, enquanto nós fugíamos, um pistoleiro contratado por papai aguardava no caminho. Ele deveria fingir ser um assaltante e atirar em Juan.

— Seu pai não queria matá-lo, apenas feri-lo para que vocês voltassem.

— Também acredito que ele não seria capaz de mandar matar Juan, o fato é que quando eu vi o pistoleiro apontando a arma para Juan joguei-me em sua frente, o homem se assustou e errou o tiro me atingindo no peito e causando minha morte.

— Você levou um tiro no coração. Por isso nasceu com um problema cardíaco.

— Desencarnei nos braços de Juan, ou Adam como é conhecido nessa encarnação.

— O pistoleiro, quando percebeu o que tinha feito, fugiu

— Sim, vovó. Você leu meus pensamentos ou já sabia da história?

— Digamos que um pouco de cada.

— Eu morri em seu lugar.

— Você o salvou por amor.

— Mas o pior vem agora. Meu pai, quando soube, isolou-se do mundo e o remorso não o deixou em paz.

— Seu pai nunca perdoou Juan.

— Juan não suportou a minha morte, entrou em depressão até acabar com a própria vida. Suicidou-se. A dor que sentiu devido à minha ausência ficou gravada, fazendo com que ele constantemente esteja em busca de algo que desconhece conscientemente. O desespero de viver sem esse amor ainda permanece nele, fazendo com que queira morrer. Durante muito tempo ficou perdido.

— O suicídio é uma das piores afrontas ao nosso Criador. O próprio suicida não consegue se perdoar e permanece num estado quase de loucura. Você já era um Espírito mais evoluído e nunca desistiu dele. – disse Vovó.

— Jamais desistirei. Depois de muito tempo, consegui resgatá-lo. O Espírito de Juan estava muito debilitado e precisou de tratamento prolongado. Após um tempo, decidimos reencarnar, eu como Melina e ele como Adam. Prometi que o ajudaria nessa nova encarnação, para que ele não sucumbisse. Sei que agora sou apenas um Espírito, mas se eu abandoná-lo, ele cometerá novamente o suicídio. Isso eu não posso permitir.

— E se isso ocorrer, vocês ficarão separados por muitas encarnações. O Espírito de Adam quer ser liberto para voltar à vida espiritual, pensa que poderá encontrá-la e ser feliz. Como está preso ao corpo físico, deixa-se abater pela tristeza. Se ele soubesse que o suicídio só aumentará sua dor e a separação será eterna.

— É estranho. Eu também sentia um vazio, como se faltasse algo que eu não sabia explicar.

Como se meu corpo estivesse ali, mas minha alma quisesse estar em outro lugar. A única coisa que me trazia paz era ficar em meu quarto, com a imagem e voz de Adam. Só agora consigo entender esse sentimento. A única coisa que não compreendo é porque tive que morrer quando nos reencontramos.

— Temos muitas encarnações e o que nos acontece é o resultado do que fazemos em alguma delas, não necessariamente na anterior. Não deve se ater a isso agora, o tempo se encerra. A ideia do suicídio é cada vez mais latente na mente dele. Precisa agir.

— Farei isso, vovó, obrigada por me ensinar tantas coisas e não me abandonar. Agora sei o quanto amo Adam, e pensar que cheguei até a odiá-lo depois do meu desencarne.

— O ódio nada mais é que o nosso amor que adoece. Você pode achar que se iludiu, mas seu Espírito sempre soube do grande sentimento que carrega. No entanto, o medo de perdê-lo novamente fez com que se enfurecesse com suas atitudes e, apesar de seu Espírito ser antigo e você já ter vivido muitas encarnações, sua mente, agora, é de uma adolescente. Não seja tão dura com você mesma. Esse estado é temporário, logo recobrará a consciência de sua condição espiritual. Por hora, pense em como ajudará Adam.

Sei que devo agir para que sua vida não tenha o mesmo desfecho.

— Querida, aquele Espírito que você sempre vê ao lado de Adam, realmente não sabe quem é?

— Não, vovó, já lhe disse que não consigo identificar, é apenas um vulto.

— Mas você não sente nada quando o vê, não tem nenhuma intuição?

— Não. A senhora sabe quem é?

— Pense, querida. Quem desencarnou com ódio de Adam?

— O pai de Rebeca... Meu pai. - disse assustada.

— Agora você entende por que ele está sempre ao lado de Adam e o que ele quer?

— Quer que ele se suicide.

— Sim. Ele ainda não o perdoou. Pensa que ele é Juan e que você, como Rebeca, morreu e ele está vivo.

— Mas o físico de Adam é diferente de Juan.

— O invólucro carnal não esconde o verdadeiro Espírito.

— Ele vê o Espírito de Adam?

— Sim.

— Como posso fazer para que ele se afaste de Adam?

— Ajudando-o também.

— Mas como ajudar esse Espírito, se não sei nem ao certo como ajudar Adam?

— Todos nós somos irmãos, alguns estão mais evoluídos, outros mais atrasados, mas todos merecem ajuda. Você encontrará um jeito, tenho certeza. - respondeu vovó, despedindo-se.

Os Sonhos

Durante vários dias, tentei me comunicar com Adam por meio dos sonhos, mas ele se recusava, sempre fugia. Tinha medo e achava que eu queria assombrá-lo. Imagine só, ele me considerava um fantasma. Foi então que tive uma ideia, assumiria a forma que tive em outra encarnação, onde eu era Rebeca, assim talvez ele não temesse.

Numa noite, quando ele adormeceu, seu Espírito se libertou e o encontrei num lugar escuro e vazio. Ele olhava assustado para os lados, angustiado, como se tentasse fugir. Aproximei-me.

— Olá!

Ele me olhou desconfiado no início, depois se acalmou. Não me reconheceu. Não sei se pela forma como me apresentei ou por ele estar muito transtornado.

— Oi – respondeu se afastando

— Por que está tão assustado?

— Eu fiz uma coisa horrível.

— Quer me contar?

— Não posso. Tenho muita vergonha.

— Às vezes, quando dividimos nossos problemas com outras pessoas, sentimo-nos mais aliviados e o fardo não parece tão pesado.

— Mas o que eu fiz não tem perdão.

— Geralmente a pessoa que está dentro do problema não consegue enxergar outras soluções, no entanto, posso ter uma opinião diferente da sua e te ajudar a ver outras opções.

— Não adianta, já tomei minha decisão, estou esperando o momento mais propício.

— Que decisão é essa?

— A morte. É a única saída.

— Você está errado.

— Eu tirei a vida de alguém que amo e é justo que eu dê a minha para pagar o que eu fiz. Só assim terei paz.

— Paz? Uma pessoa que tira a própria vida não tem paz, ao contrário, você mergulhará numa escuridão sem fim e sofrerá muito mais do que na Terra. Você não tem o direito de dispor da vida que lhe foi dada por Deus como bem entender. Só cabe a Ele esse direito, quando achar que sua missão se encerrou. Acredite, o seu problema não se encerrará com sua morte e sim se agravará.

— Não acredito que tenha uma dor pior do que essa que estou sentindo no momento. Você não pode imaginar o que é viver com essa culpa e ainda por cima não poder ficar junto com a pessoa que ama.

Adam ficou alterado e acordou em seguida. Não consegui mostrar o que eu pretendia. Lembrou-se do sonho, mas não deu importância; à ideia ainda estava em sua mente.

Na noite seguinte, insisti novamente. Ele estava no mesmo lugar sombrio.

— Olá, parece que nos encontramos novamente.

— Ah, é você de novo.

— Desculpe, te incomodo?

— Não. Eu agradeço sua atenção, mas não pode me ajudar e não quero falar com ninguém.

Eu precisava ganhar a confiança dele, então falei:

— É que fiquei muito curiosa. Você me falou que se sente culpado por que acha que tirou a vida de alguém? Como foi isso?

Adam ficou pensativo e sua fisionomia ficou endurecida e depois respondeu:

— Num show do qual eu não quero mais me lembrar.

— Não acredito que tenha cometido tal ato. Penso que está perdido e só procura uma desculpa para tirar sua vida.

— Quem é você, afinal? Por que está tão interessada em minha vida?

— Sou uma amiga que só quer o seu bem.

— É verdade que me sinto culpado, mas não é apenas essa a razão de querer dar um fim à minha vida. Sinto uma agonia profunda que me induz a fazer isso. Como se eu só conseguisse a felicidade libertando meu Espírito e indo ao encontro dela. Por que será que ninguém me entende?

Ele estava irredutível então resolvi assumir a forma física de minha última encarnação, como Melina.

— Se fizer isso você nunca mais me encontrará, ficaremos separados pela eternidade. A única forma de nos encontrarmos é você cumprir sua missão na Terra até o final. Não se deixe abater você é inocente. - afirmei para Adam

— Melina? - perguntou Adam assustado e comovido.

Acho que o choque o fez acordar. Levantou-se e foi até a cozinha beber água, estava suando. O sonho estava latente em sua memória. Sentou no sofá e tentou lembrar-se da noite do show, mas sua memória parava sempre no mesmo ponto. A depressão piorava, pensou em tomar o remédio para dormir, foi então que me aproximei e novamente afirmei que ele era inocente.

Ele ficou pensativo e pela primeira vez pensou que talvez não fosse um assassino, que Roger poderia estar enganado.

Eu o induzi a investigar novamente para ter certeza e ele captou meus pensamentos.

Nova Investigação

Adam ligou para Borges e pediu que investigasse os últimos momentos de vida de Melina, ou seja, de minha vida. Não precisou entrar em detalhes, o detetive pensava ser por causa das cartas e se prontificou a fazer todo o possível para descobrir.

Mesmo eu tentando incentivá-lo a buscar a verdade, a ideia do suicídio ainda não tinha sido afastada da mente de Adam. Seu Espírito ainda era fraco. Vi claramente em seus pensamentos que ele queria partir, porém queria saber a verdade sobre a minha morte, pois para ele a dúvida era pior do que qualquer coisa. Não tinha mais certeza se Roger lhe contou a verdade. Seu Espírito não conseguia superar novamente a minha perda e estava prestes a cometer o mesmo erro. Isso me deixava desesperada, eu podia passar uma encarnação sem Adam, mas não suportaria a eternidade sem ele.

A investigação durou três meses. Borges se esforçou ao máximo porque se achava em débito com Adam, mas conseguiu descobrir a verdade. Marcaram um encontro no escritório do detetive para que pudessem conversar a sós. Adam estava angustiado; sentiu medo e ao mesmo tempo a sensação de liberdade de que realmente saberia a verdade fosse ela boa ou ruim.

No caminho, Adam pensava se ele seria capaz de cometer aquela atrocidade. Os pensamentos voavam em sua mente. Chegou ao escritório e abriu a porta desesperado.

— Borges, seja direto. Descobriu sobre a morte de Melina?

— Sim.

— Eu sou o assassino? – lágrimas de angústia desciam de seus olhos.

Borges estava surpreso com a reação do rapaz. Levantou-se e buscou um copo com água. Pediu que ele se sentasse e aguardou que se acalmasse.

— Adam, por que disse isso? Você não matou essa garota.

Adam levantou o rosto para Borges com alívio.

— Tem certeza?

— Absoluta. Inclusive já denunciei o verdadeiro autor do crime à polícia.

— Então não fui eu? Por que Roger me torturou durante todo esse tempo, afirmando que eu era o culpado?

— Acredito que ele só quis usar algo que o deixasse vulnerável para se apropriar do seu dinheiro.

— Mas ele é meu primo. Crescemos juntos.

— Entendo a relação de vocês e sei que Roger é seu único parente aqui na capital e o que tenho para lhe contar não é agradável. Durante a investigação descobri que Roger deve muito dinheiro a agiotas.

— Agiotas? Que dívidas são essas? Ele não tem despesas e eu lhe pago um ótimo salário.

— Seu primo gostava de apostar em corridas de cavalos. Quando ele começou a perder, não se conformou e, como qualquer outro apostador fanático, começou a apostar cada vez mais alto. O dinheiro dele não era suficiente, porque sempre perdia e começou a pegar dinheiro com agiotas. Entretanto, o vício pelo jogo era insaciável. Desviou seu dinheiro para pagar os empréstimos. No entanto, continuou jogando e isso se tornou um círculo vicioso. Ele pagava o agiota com o seu dinheiro, voltava a jogar, perdia e novamente pegava dinheiro emprestado.

— Por que ele não me contou? Eu o teria ajudado, não precisava me roubar.

— Não é só isso. Esses mesmos agiotas também faziam outro tipo de serviço para o seu primo.

— Que serviço?

— Contratavam garotos de programa.

— Você quis dizer garotas de programa?

— Não. Contratavam homens para sair com seu primo a pedido dele. Roger é homossexual.

— Está enganado. Ele vive rodeado de mulheres.

— Isso não quer dizer nada. Você já o viu sair com alguma delas? Ele já lhe apresentou alguma namorada?

— Ver eu nunca vi. Pensei que nas noites em que ele dormia fora de casa estivesse com alguma garota.

— Eu consegui as fotos que mostram seu primo com o garoto de programa. Os agiotas fotografaram tudo e o chantageavam.

— Nossa! Não sei o que falar.

— Com relação à opção sexual dele não creio que deva intrometer-se, isso só diz respeito a ele, mas com relação ao desvio de dinheiro deve denunciá-lo às autoridades. Sei que isso foi um choque para você, ele é da sua família, entendo que precise pensar com calma sobre o assunto; assim, preferi aguardar sua decisão antes de denunciá-lo.

— Apesar de tudo, Roger sempre me ajudou. Não quero tomar nenhuma atitude levado pela raiva. Preciso pensar com calma.

— Está correto, não devemos resolver nada com a cabeça quente. Nem sempre tomamos a melhor decisão, no entanto, não foi correto o que ele fez com você.

— E quanto à Melina? – perguntou Adam tristemente.

— É uma longa história. Melina foi ao seu show. Ela era linda e chamava a atenção por onde passava.

— Ela era realmente linda. – respondeu Adam com lágrimas nos olhos.

— Após o show, ela e as amigas tentaram passar pelos seguranças para conseguir um autógrafo. As outras duas não conseguiram, mas a beleza de Melina encantou um dos seus seguranças. Ele fingiu que não percebeu e deixou-a passar. E assim ela conseguiu chegar ao seu camarim.

— Lembro-me desta parte. Ela abriu a porta e entrou. Quando a vi, senti algo inexplicável como se um anjo tivesse chegado para me salvar. Era como se eu tivesse encontrado o que eu esperava a vida inteira. No entanto, eu tinha misturado uma substância tóxica num copo com água e tomado um pouco do líquido.

— Mas por que fez isso? – perguntou o detetive, incrédulo.

— Eu queria morrer, mas quando a vi e me dei conta do que tinha feito, pedi que ela aguardasse e corri para o banheiro. Vomitei, tentando repelir o veneno. No entanto, meu organismo já tinha absorvido uma pequena quantidade, desmaiei e acordei numa clínica de recuperação.

— Desculpe o que vou perguntar, mas por que um rapaz famoso, rico, que pode ter tudo, tentaria o suicídio?

— Ah! As pessoas pensam que os famosos não têm problemas. E o Adam artista realmente não tem. A fama chegou tão fácil, sem que eu procurasse. Agora, o Adam ser humano sempre teve inúmeros problemas. Sinto um enorme vazio, como se eu buscasse algo que não sei o que é. Quanto mais ficava famoso, mais sozinho me sentia. Tinha que guardar esse sentimento, não podia deixar transparecer. Meu empresário era rígido e sempre dizia que eu tinha que passar uma imagem de super-herói para os meus fãs. Sabe, ninguém admira uma pessoa depressiva, que não tem amor nem pela própria vida. Sentia-me infeliz apesar de estar cercado por uma multidão, aquilo não me preenchia. Naquele dia, quando Melina entrou em meu camarim, conseguiu em poucos segundos mudar minha vida. Era como se eu estivesse recebendo a cura. Depois vieram as cartas. No início não sabia que eram dela, só depois entendi porque me faziam tão bem. Não era o que estava escrito e sim porque ela as tinha escrito. Se antes minha vida não tinha sentido, agora não resta mais nada. Que destino trágico o meu. No mesmo dia em que encontrei a pessoa que poderia mudar minha vida, também a perdi. Na verdade, mesmo que indiretamente, ela morreu por minha culpa.

— Não, Adam. Como pode dizer isso?

— Se eu não fosse um fraco, tentando acabar com a própria vida, talvez ela estivesse viva, ao meu lado.

As palavras de Adam me emocionavam cada vez mais. Queria poder lhe falar que estava ao seu lado e que o amava, mas infelizmente não estava mais encarnada.

— Agora compreendo a lacuna que existia na investigação. Melina deve ter tomado a sua água e desfaleceu.

— Será que ela bebeu minha água? Nunca vou me perdoar.

— Não é sua culpa. Eu tomei a liberdade de interrogar seu primo Roger, que me contou que entrou em seu camarim e encontrou a garota caída no chão. Ele não sabia o que tinha acontecido, chamou um dos seguranças para que a retirasse e a levasse a um pronto socorro, sem ser notado. Depois o encontrou caído no banheiro. Ele e seu empresário o levaram para a clínica onde ficou internado.

— Roger sabia o que tinha acontecido com Melina?

— A única coisa que ele sabia é o que eu acabei de lhe contar. Ele foi apenas um aproveitador da sua confusão mental.

— O que o segurança fez?

— Coincidentemente, foi o mesmo segurança que a deixou entrar. Quando ele a colocou no carro sabia que ela estava inconsciente e a estuprou. Ele não imaginou que a demora no socorro lhe causaria a morte, pensou que ela estava drogada. Quando percebeu a menina gelada e sem respiração desesperou-se e jogou o corpo sem vida no terreno atrás do local onde foi o show.

— Quem é o segurança?

— Ele foi contratado apenas para o dia do show. Seu nome é Geraldo.

— Precisamos fazer alguma coisa. Ele não pode sair impune.

— Acalme-se. Já tomei as providências antes de falar com você. Informei a polícia assim que soube, pois ele poderia tentar fugir, se desconfiasse de algo. Agora ele está preso. Confessou o crime.

— Como chegou até ele?

— Falei com várias pessoas que trabalharam no dia do show, inclusive com os seguranças. Todos confirmaram que viram Geraldo sair carregando a menina nos braços. Um deles disse que até se ofereceu para ajudá-lo e ele recusou.

— E por que não avisaram à polícia?

— Desconfiaram quando a menina apareceu morta, mas não queriam se envolver; não tinham certeza se era realmente Melina e não queriam acusar um colega de trabalho, sem provas. Os pais de Melina já foram avisados.

— É minha culpa. Fui um covarde, se eu tivesse tomado toda a água ela não teria morrido – falava

Adam com profunda dor. — Eu deveria estar morto e não ela.

— Não diga isso. Quem sabe ela não era mesmo um anjo que apareceu para salvá-lo? Agora você tem que continuar vivo para mostrar que a morte dela não foi em vão. Deve isso à Melina.

— Não vou suportar.

— Tem que suportar. Olhe, nunca acreditei em destino, mas a sua história com essa menina me deixou intrigado. Deve existir em algum lugar uma explicação de como alguém pode aparecer de repente na vida da outra para salvá-la. Isso não é acaso, sinto que há uma força muito maior por trás de tudo, que eu desconheço e gostaria de entender. Talvez ela fosse sua alma gêmea.

— Seria bom, porque assim teria a certeza de que um dia a reencontraria.

Eu estava presente durante toda a conversa comovida e angustiada, ouvir os detalhes de minha morte me desequilibrou, mas precisava ser forte, via claramente nos pensamentos de Adam a ideia do suicídio. Estava perdendo a fé. Não sabia mais como impedi-lo e isso nos afastaria talvez para sempre.

— Tenho mais uma dúvida, como a corrente de Melina apareceu entre as minhas coisas?

— Seu primo. Ele me contou que depois que o segurança levou Melina, ele encontrou uma corrente de ouro com o nome dela, pensou em vender, mas depois que soube do acontecido pelo noticiário da TV, ficou com medo e guardou em seu quarto numa das gavetas.

— Então foi assim que aquela corrente foi parar na minha gaveta? – disse Adam, pensativo.

— Sim. E agora, o pretende fazer com esta descoberta?

— Não se preocupe, farei o que está planejado em minha mente desde o início.

O detetive despediu-se e não comentou mais nada, achava que Adam logo se recuperaria e seria feliz. Só não sabia que ele se referia ao suicídio. Eu não iria permitir.

Verdades Não Ditas

Já era noite e Adam estava sentado em sua cama, com minha corrente nas mãos, quando Roger chegou. Adam desceu e foi até a sala.

— Boa noite, Adam, está tudo bem?

— Não, estou péssimo.

— Posso fazer algo para ajudá-lo?

— Sim, comece me contando por que me torturou fazendo que eu pensasse ter tirado a vida de Melina.

Roger não sabia que o detetive que falou com ele fora contratado por Adam, pensou que era alguém a mando dos agiotas.

— O que está dizendo? Você queria saber a verdade e eu lhe contei.

— Exatamente. Eu queria a verdade.

— Adam, por acaso está drogado?

— Nunca estive tão sóbrio, mas acredite, preferia não estar. Assim, não ouviria que meu primo, meu sangue, aquele que eu sempre tratei como um irmão, cometeu tamanha crueldade comigo.

— Nunca fiz nada contra você.

— Claro, além de me roubar e imputar-me um crime que não cometi.

— Quem está fazendo intrigas? É seu empresário? Alguma das empregadas?

— Chega de cinismo – gritou Adam. — Já descobri tudo. Contratei um detetive.

— Tudo o quê?

— O seu vício pelas corridas de cavalo. A dívida com os agiotas. A mentira sobre a morte de Melina e isso.

Adam jogou o envelope com as fotos onde Roger se relacionava com outro rapaz. Quando ele abriu, quase desfaleceu de tanta vergonha, não sabia como se justificar, mas também não queria. Estava cansado de se esconder. Olhou sério para Adam e perguntou:

— Ah! Entendo, você contratou aquele detetive. Lembra-se quando me disse que não podia ser uma pessoa comum e que precisava viver interpretando ser outro?

— Sim.

— Pois, bem! Eu sempre lhe compreendi, porque é exatamente como me sinto. Sei que são situações diferentes. Você é um astro e eu não sou ninguém, mas eu tenho que fingir ser outra pessoa o tempo todo, porque as pessoas não aceitam o diferente. Eu não tenho culpa.

— Nunca tive a intenção de fazer com que você se sentisse diminuído. Você é meu primo e vou gostar de você de qualquer forma. Não importa se gosta de homens ou de mulheres. Sempre admirei você por todo cuidado que sempre teve comigo. Então, não diga que eu não entenderia e muito menos que eu não o aceitaria, pois na realidade é você quem não se aceita.

— Não estou lhe acusando, apenas desabafando. Eu me sinto inferior a você, sempre me senti. É uma realidade. Por vezes, chegava a te odiar por você ter tudo e mesmo assim viver constantemente em depressão. Em outras, te invejava por ser tão amado, mas na maior parte do tempo, eu também te amava e te compreendia, porque eu me sentia infeliz por ter que ser outra pessoa todo o tempo. Nunca quis te roubar, tampouco te prejudicar, o vício despertou em mim uma parte que até então eu desconhecia, a mentira, a capacidade de passar por cima de qualquer um para saciá-lo. Esse mesmo vício cegou-me, não consegui parar. Sei que não tenho desculpas para o que fiz com relação ao seu dinheiro e a mentira, mas acredite, cada vez que lhe traía o remorso me corroía. Infelizmente era mais forte do que eu, sempre fui um covarde. Ao menos agora não preciso mais mentir.

— Você não confiou em mim. Se tivesse me contado antes, poderia ter lhe ajudado.

— Me ajudar? E como faria? Não consegue ajudar nem a si próprio.

Adam abaixou a cabeça, mesmo depois de tudo que Roger tinha lhe feito, sentiu-se mal. Era a mais pura verdade, não conseguia ajudar nem a si próprio.

— Sobre essas fotos que me entregou. Eles me chantagearam e pediram muito dinheiro para que não fossem reveladas. Agora que já sabe, não tenho por que me justificar; sou exatamente o que você viu.

— Não o vejo diferente por isso, continua sendo da minha família.

— O que fará agora que sabe de tudo? Entregar-me a polícia?

— Você agiu mal, mas também preciso reconhecer que já me ajudou muito. É minha única família aqui. Além disso, sinto um pouco de culpa. Se eu não fosse tão egoísta, talvez tivesse notado que você estava com problemas e poderia ter lhe ajudado a evitar que o pior acontecesse.

— Não quero que se culpe. Sei que fui errado e que não tenho mais jeito. Cheguei ao fundo do poço. Não consigo mais abandonar o vício. Ninguém pode me ajudar.

— Vou procurar ajuda profissional para que se livre desse vício. Quanto à dívida com o agiota, eu resolverei. Não precisa ter mais contato com ele. Com relação à sua vida amorosa, é você quem decide se pretende continuar a escondê-la ou assumir. Farei o meu melhor, espero que você aceite e colabore com o tratamento para se recuperar. Não lhe darei uma segunda chance.

Roger sentiu-se emocionado, não esperava aquele comportamento de Adam.

— Obrigado, não vou mais decepcioná-lo, eu prometo.

— Acho que penso que não importa o vício; seja com drogas ou jogo, sempre precisamos que alguém nos ajude, porque é muito difícil livrar-se sozinho.

— Tem razão. Quanto à minha vida amorosa, no momento não quero comentar com ninguém, é algo que só diz respeito à minha vida pessoal.

— Respeito sua opinião, mas saiba que eu estarei ao seu lado, pois independentemente do mau passo que você deu, sei que tem um coração maravilhoso e é isso que importa. E eu já pedi que um amigo meu resolvesse com esses chantagistas. Eles não irão mais te incomodar.

— Perdoe-me por tê-lo torturado, o desespero nos leva por caminhos difíceis e muitas vezes sem volta.

— Sei bem disso.

Adam calou-se e começou a pensar que o desespero em não poder me conhecer nunca mais também o estava levando para um caminho sem volta. A morte.

Enfrentando o Passado

Os dias passavam e Adam continuava com a ideia fixa do suicídio. Ele já não saía de casa, tinha perdido alguns patrocinadores e seu empresário enfrentava muitos problemas com as quebras de contrato. O Espírito que numa encarnação fora meu pai, não o deixava em paz, cada vez sugava mais e mais Adam e lhe induzia à ideia do suicídio. Eu não conseguia me aproximar, porque Adam havia se entregado e não sentia minhas sugestões de melhora.

Ele estava sentado numa poltrona que ficava em seu quarto e olhava fixamente minha foto que estava no jornal. Vi quando ele se levantou e tirou do armário do banheiro alguns remédios. Colocou-os no copo e voltou para a poltrona. Ele pensava que deveria concluir o que tinha começado, pois assim talvez me encontrasse. Adam já não pensava com coerência era como se seu Espírito tivesse voltado no tempo. Seus pensamentos estavam totalmente fora da realidade.

Ele levantou o copo para levar o líquido à boca, meu desespero foi enorme, queria gritar, derrubar o copo, mas eu era apenas um Espírito.

Quando o copo já estava próximo aos seus lábios, fiquei em sua frente, chorando e implorando que parasse, eu o amava tanto, não podia perdê-lo novamente. Não sei o que fiz, mas ele conseguiu enxergar meu Espírito.

No início fiquei em dúvida se ele realmente estava me vendo ou estava apenas alucinando. Resolvi ir em frente. Era a minha única chance. Eu estava com a aparência de minha última encarnação, não precisei disfarçar, ele não tinha mais medo.

— Adam, jogue fora este copo.

— Não quero. Não consigo viver sem você. Assim poderemos ficar juntos.

— Está enganado. Se você tirar a sua vida, nunca mais ficaremos juntos.

— Mas nós dois estaremos mortos.

— As coisas não são tão fáceis assim. Só ficaremos juntos se você seguir sua vida e desencarnar quando chegar a sua hora.

— Não consigo mais suportar. – sua fisionomia ficou triste e ele continuou. — Sei que não tirei sua vida diretamente, mas minha insensatez fez com que isso acontecesse. Você morreu por minha culpa.

— Eu bebi sua água sem que você soubesse, estava com sede. Nem percebi quando desfaleci. Mas se você continuar, estará me matando. Não fisicamente e sim espiritualmente, porque não irei suportar passar a eternidade sem você.

— E eu não suporto passar nem mais um minuto sem você. Eu te amo. Não quero continuar. Por favor, me entenda.

— Eu também te amo e em nome desse sentimento é que te peço que continue sua vida, para que eu tenha a certeza de que poderei esperá-lo do outro lado.

— Continuar? Mas por quanto tempo?

— Não se preocupe com o tempo e sim em fazer o seu melhor aqui na Terra.

— Está tão serena. Não sentiu ódio daquele monstro pelo que ele te fez? Eu sinto.

— Não. Quero seguir meu caminho livre desses sentimentos, caso contrário, ficarei ligada a ele em outras encarnações. Não quero que se torture, eu nada senti, pois já estava inconsciente.

— A vida é muito injusta. Perdê-la no mesmo momento em que te encontrei. É tão estranho, às vezes sinto como se isso já tivesse acontecido.

— Era a minha hora de partir, mas não é a sua. Você ainda tem seu caminho a percorrer e sua prova a cumprir.

Não quis lhe contar que já vivemos outras encarnações e que ele se suicidou, justamente como pretendia fazer. Isso poderia perturbá-lo ainda mais.

— Caminho a percorrer? Estou condenado a viver sem você. Isso é um castigo.

— Não entenda dessa forma. Todos na Terra têm uma missão a cumprir para que conquistem a evolução espiritual. A sua é levar a felicidade a milhares de pessoas por meio de suas músicas, seus filmes. Entretanto, deve libertar-se da culpa que carrega em seu Espírito. Você nem imagina o poder que tem em suas mãos. Pode influenciar os jovens tanto para a prática do bem como também para o mal. Muitos se espelham em você e seguem o seu exemplo; por isso precisa seguir em frente. Tem ideia do que o seu suicídio poderia causar a essas pessoas?

— Nunca pensei nisso.

— Não tenha medo de mostrar quem você é realmente, porque sei que é uma pessoa maravilhosa independentemente de sua fama. Exponha seus medos, suas fraquezas. Certamente não agradará a todos, mas ajudará muitos que se encontram nessa situação. Por favor, por mim, viva.

— Melina, será que posso tocá-la?

Minha vontade também era abraçá-lo, mas eu era apenas um Espírito. Foi com um profundo amargor que lhe respondi.

— Não. Sou apenas um Espírito. Não sou de carne e osso como você.

— Posso tentar?

Ele aproximou lentamente suas mãos. Não podia sentir meu corpo físico, mas o amor que sentia era tão forte, que emanava de meu ser e lhe transmitia as vibrações. Não era um toque físico como se fôssemos encarnados e sim uma troca de energias de saudade e de amor. Pude também sentir todo o amor que ele carregava de gerações. Uma mistura de alívio por estarmos juntos naquele momento e de dor por sabermos que teríamos de nos separar novamente. Eu queria ficar ali sem me importar com nada. Nós não éramos apenas Adam e Melina, mas também Juan e Rebeca e todos os outros que vivemos em diversas encarnações. Éramos dois Espíritos que ansiavam desesperadamente ficar juntos para sempre. Mesmo contra minha vontade, tive que me afastar, pois se não fosse embora rapidamente não teria mais forças para deixá-lo. Então me afastei.

— O que houve? Por que se afastou?

— Preciso ir embora.

— Não, por favor, fique.

— Não me peça isso. Não imagina como é difícil partir e deixá-lo. Só quero que me prometa que viverá.

— Por favor, não vá embora – suplicava Adam.

— Deixá-lo está sendo a coisa mais difícil que já fiz, mas nesse momento pertencemos a mundos diferentes. Eu vou esperar o tempo que for necessário. Você deve permanecer aqui, seguir sua vida como já lhe disse. Quem sabe casar-se, ter filhos.

Confesso que senti ciúmes quando pronunciei essa última frase. Não queria que ele se casasse e sim que terminasse sua missão para me encontrar. Sei que era egoísmo de minha parte, mas eu ainda tinha meus defeitos.

— Não quero outra pessoa. Eu a amo!

— Eu sempre te amarei. É em nome desse sentimento que deve continuar para um dia, finalmente, vivermos esse amor.

— Tenho medo de que você desapareça. Não quero ficar sem você. Quem me garante que se eu ficar poderei reencontrá-la depois?

— Eu lhe prometo. Estarei lhe esperando como tenho feito há séculos. Nosso amor não acabou com a morte e não acabará nunca. Prometa que viverá.

— Prometo que tentarei fazer o meu melhor nesta vida, por você.

— Adeus.

— Não vou lhe dizer adeus e sim até logo, meu amor.

Saí do quarto rapidamente. Vovó me esperava.

— É hora de partir, querida. Você cumpriu sua missão.

Olhei triste para vovó, como aquilo me doía. Como é difícil deixar a quem amamos, mesmo depois da morte. Sinto saudades dos meus pais e também sentirei de Adam, contudo são dores diferentes. Uma era a saudade calma, a lembrança dos bons momentos. A outra era uma saudade que me rasgava por dentro. Meu único consolo era a certeza de que um dia poderíamos nos reencontrar.

— Eu sei disso, Vovó. Cumprirei minha palavra e voltarei com a senhora.

— Estou aliviada que pense assim. Quando a vi ao lado de Adam, sofrendo, não pensei que tivesse forças.

— Eu também. Só não entendo por que não pudemos ficar juntos nessa encarnação. Por que apareci exatamente na hora em que ele tentava se suicidar e morri naquele mesmo dia?

— Vocês não estavam predestinados a ficarem juntos nessa encarnação, mas o amor de vocês é tão forte que seu Espírito sabia o que iria acontecer e, inconscientemente, a levou até aquele exato momento. Sabia que ele iria sucumbir e ficariam separados para sempre. Por isso, sentiu raiva de suas fraquezas. Não era porque pensou que ele fosse diferente e sim porque não aceitava as fraquezas do Espírito de Adam. Ele tinha lhe prometido que lhe esperaria e que seria forte para suportar a vida, mas algumas imperfeições e traumas dos Espíritos não são recuperados numa única encarnação.

— Você aprendeu muito neste período. Está mais decidida, sem o amargor que carregava consigo.

— Aprendi como podemos ser injustos com as pessoas. Apesar de amar Adam, bastou pairar uma dúvida em minha mente para que eu o julgasse e o condenasse, apenas tirando minhas próprias conclusões sem saber realmente o que tinha me acontecido. Quantas vezes julgamos pessoas inocentes, acreditando na nossa verdade e muitas das vezes as condenamos de imediato. Não queremos saber de sua versão, tampouco de suas razões. Não aceitamos que tenham uma defesa justa. Achamo-nos vítimas, ficamos revoltadas, no entanto também somos algozes ao julgar. Quando tirei minhas conclusões, a decepção tomou conta de mim, não lhe dei uma única chance, um crédito a seu favor, nem mesmo o fato de amá-lo atenuou meu julgamento precipitado, pelo contrário, contribuiu ainda mais. Como podemos ser injustos com aqueles que amamos. Eu o julguei e fui julgada por minha própria consciência.

— Não devemos julgar ninguém mesmo que saibamos a verdade. Isso cabe a Deus e não a nós, que somos imperfeitos e sujeitos a cometer erros como qualquer outro. Devemos sempre lembrar que Jesus disse: "Quem não tiver pecado, que atire a primeira pedra".

— Estou preparada, vovó. Vamos embora, antes que eu não tenha mais forças.

— Um momento, Melina. Eu sempre pedi para que retornasse logo para a Colônia, porém há alguém que você precisa ajudar, e tenha certeza de que fazendo isso, também estará libertando Adam de uma grande carga energética negativa.

— Quem?

— O pai de Rebeca. Embora você ainda sinta que ele é responsável por grande parte de seu sofrimento, pois se ele não tivesse impedido o casamento de vocês Adam não teria se matado e ficariam juntos, ele é nosso irmão e merece uma segunda chance, como todos nós, que ainda somos tão imperfeitos.

Pensei por alguns instantes e depois respondi:

— Tem razão. Eu devo ajudá-lo.

— Quando terminar, seguiremos para a Colônia onde retornará às suas atividades e trabalhará em sua evolução,

O Pai de Rebeca

Embora tenha conversado com Adam, sabia que ele não teria forças para continuar se Manoel, o pai de Rebeca, não fosse embora. Era estranho, mesmo ele sendo meu pai na outra encarnação eu não tinha qualquer tipo de afeto por ele. Agora começava a entender a diferença entre laços de sangue e laços espirituais, creio que algumas pessoas reencarnam na mesma família, não porque se gostam e sim porque precisam estar juntas para se ajudarem ou para cumprir algum objetivo, ou até mesmo para servir de instrumento para a nossa evolução, muitas vezes nos causando sofrimentos insuportáveis.

Sei que Manoel precisava ganhar o meu perdão e meu afeto na encarnação em que foi meu pai, mas ele falhou. Eu não o odeio, mas não tenho qualquer sentimento de amor em relação a ele. Talvez seja porque ele não permitiu que eu ficasse com Adam, não sei, mas não quero me aprofundar nisso. Não tenho tempo para pensar agora em minhas outras vidas.

Cheguei ao quarto de Adam e ele estava dormindo. Em pé, ao seu lado, estava Manoel. Não sabia qual seria sua reação quando eu me aproximasse, tampouco se deveria aparecer como Melina ou Rebeca.

Fiquei na porta, olhando-o. Ele desejava que Adam morresse. Pensava que ele era o causador de todo o seu sofrimento e por tudo que ele vinha passando até depois de seu desencarne. Não sabia que ele não era a vítima e sim o seu próprio agressor.

Achei melhor aparecer como Melina, porque não sabia qual seria sua reação ao ver a filha. Aproximei-me.

— Manoel?

Ele me olhou assustado. A minha presença o incomodava. Deu alguns passos para trás na intenção de fugir, quando eu pedi.

— Espere. Quero apenas conversar com você.

Ele parou, mas eu percebia que estava pronto para fugir, apenas aguardava qualquer tipo de reação minha. Eu não poderia deixar, precisava pensar em algo, então disse:

— Eu conheço sua filha, Rebeca.

— Rebeca? - ele perguntou, baixando sua guarda.

— Sim.

— Minha filha morreu por causa desse aqui. - disse, dirigindo-se a Adam.

Eu não podia lhe afrontar, tinha que fazer com que ele falasse, para que pudesse compreendê-lo.

— O que ele fez?

— Ele tirou a vida dela.

— Por que acha isso?

— Porque eu sei.

— Por que não me conta sua história. Quem sabe eu possa ajudá-lo.

— Não sei se posso confiar em você.

— Claro que pode. Já disse que conheço sua filha.

Ele me olhou desconfiado e depois começou:

— Minha filha era uma garota linda, foi muito bem educada para casar com um fazendeiro. Ela merecia o melhor. – enquanto ele falava, seu semblante duro e de ódio se amenizava. — Esse aí era amigo de infância dela. No começo, não me importei que brincassem juntos, pois eram apenas duas crianças. Mas, depois, ele foi embora estudar e quando voltou começou a assediá-la. Dizia-se apaixonado e a colocou contra mim. Justo eu que era o pai dela.

— Ele a amava?

— Claro que não. Ele era um zé-ninguém, só estava interessado na minha fortuna. Eu era um fazendeiro muito rico e ele arquitetou um plano junto com o pai, que era meu funcionário, para ficar com os meus bens.

— Que plano foi esse?

— Rebeca era filha única. Minha fortuna seria toda dela. Ele queria se casar. Não era bobo, esse ganancioso.

— Talvez eles realmente se amassem.

— Minha filha jamais se apaixonaria por um empregado. Ele a estava assediando e tentando iludi-la. Usando da amizade que tinham quando eram crianças.

— Mas isso não impede de ela ter se apaixonado.

— Você está do lado dele?

Por um momento, quase perdi o controle. Tentei me acalmar e respondi:

— É apenas curiosidade. Pode prosseguir.

— Certo dia, minha filha saiu para um passeio e ele queria forçá-la a fugir com ele, assim eu seria obrigado a fazer o casamento, não poderia conviver com uma filha desonrada. Mas Rebeca recusou-se.

— E o que aconteceu?

— Ele, com uma arma, deu um tiro certeiro no coração de minha filha, dizendo que se ela não fosse dele, não seria de mais ninguém.

— Quem lhe contou isso? – perguntei exaltada.

— Meu funcionário. Ele viu tudo. Depois, esse assassino fugiu e eu nunca mais o encontrei, até o meu desencarne. Ele tentou fugir e se esconder nesse novo corpo, mas eu o encontrei de novo e quero que morra para que eu continue a minha vingança. – disse olhando para Adam.

Quando Manoel terminou e olhou novamente para mim, eu estava com a aparência de Rebeca.

— Pai.

— Rebeca. Filha, te procurei por tanto tempo. Olhe, estou me vingando desse assassino que tirou sua vida. Você também veio fazer o mesmo?

— Não, papai.

— Eu vim lhe contar a minha história.

— Eu já sei tudo o que aconteceu. Não precisa voltar àquela noite horrível.

— Foi mesmo uma noite horrível, mas o senhor precisa saber que ele não me matou.

— Como, não? Você não deve estar reconhecendo, porque ele tem outra aparência, mas esse é Juan.

— Eu sei quc ele é Juan. Mas quem me matou não foi ele e sim o mesmo funcionário que lhe contou essa história. O senhor sabe que o enviou para impedir a minha fuga com Juan. Acontece que o seu capanga atirou em Juan e eu entrei na frente dele.

— Mas por quê?

— Porque eu o amava e ainda amo.

— Não é possível. Ele não me enganaria. E como pode amar um subalterno?

— Papai, pra mim isso não tem importância.

— Mas ele era interesseiro, queria o seu dinheiro.

— Ele era formado, queria construir uma vida ao meu lado. Nunca quis o meu dinheiro.

Manoel sentou-se no chão e se pôs a chorar.

— Então você quer dizer que eu sou culpado por sua morte?

— Sei que não tinha a intenção. Jamais desejaria minha morte. Mas foi o que aconteceu. Ele não teve culpa, por favor, pare de obsediá-lo.

— O que eu vou fazer agora? Você deve me odiar.

— Não papai, eu lhe perdoo.

— Pra onde eu vou agora? A única coisa que eu tinha era o ódio por Juan, que me fazia persegui-lo por toda a eternidade.

Nesse momento, vovó chegou com mais dois irmãos.

— Manoel venha conosco. – disse vovó.

— Com vocês? Pra onde?

— Para um lugar onde você pode se recuperar e se preparar para uma nova encarnação. Quem sabe até ao lado de Rebeca.

— Ela não me aceitaria.

— Engana-se. Ainda temos alguns assuntos pendentes que também quero resolver. Ficaria muito feliz se me desse a honra de ser a sua filha novamente.

Manoel, timidamente, abraçou-me e agradeceu. Ele também não sentia amor de pai, o que o movia a perturbar Adam era o seu ódio e suas imperfeições.

— O que me diz, Manoel? Você aceita vir conosco? – perguntou vovó.

— Não sei para onde querem me levar, mas sinto uma paz que nunca senti. Deve ser bom. Eu vou.

— Então vamos todos nós. – eu disse, preparando-me para partir.

Adam estava ali adormecido. Ela me olhou pela última vez e com um enorme esforço despediu-se.

— Adam, por favor, cumpra o que me prometeu. Seja forte, eu estarei te esperando por toda a eternidade.

Nós quatros seguimos rumo à Colônia. Eu tinha ajudado meu pai, que agora receberia um tratamento adequado para se recuperar, e também Adam que não sofreria mais com as energias de Manoel.

Missão Cumprida

Embora trabalhasse e estudasse na Colônia, não ficava um dia sem pensar em Adam. Vovó achou melhor que eu não tivesse notícias, para não me desequilibrar. Limitava-se apenas a me informar que ele estava superando aos poucos a depressão e continuava vivendo. Isso já me bastava.

Eu tinha voltado a trabalhar com as crianças. Elas eram a minha alegria. Laura já estava completamente recuperada e se preparava para reencarnar novamente, mas dessa vez receberia como filhos Denise e Gustavo. Vovó veio me visitar.

— Querida, tenho uma surpresa para você.

— Que surpresa?

— Iremos à Terra.

— Por quê?

— É um prêmio por merecimento. Por trabalhar tão dedicadamente e para abrandar a saudade que ainda sente dos entes queridos.

— A senhora não acha que se eu for, estarei tentada a procurar Adam e ficar?

— É um risco que teremos que correr.

— Quando partiremos?

— Agora mesmo. Você já tem autorização.

Acompanhei vovó, estava feliz e entusiasmada. Chegamos à cidade em que vivi, mas, não fomos à casa de meus pais ao invés disso, vovó me levou a um local onde havia uma multidão. Olhei à frente e notei um palco montado.

— Vovó, onde estão meus pais?

— Calma, logo os verá.

Aguardei curiosa. As luzes do palco foram acesas. As pessoas aplaudiam e gritavam. Não acreditei quando vi Adam subindo no palco.

— Por que me trouxe ao show de Adam? Disse-me que seria melhor não ter notícias dele. É um teste?

— Não. É para que você fique em paz e também para lhe mostrar que seu esforço não foi em vão. Hoje é um dia muito especial para Adam.

Adam cumprimentou a multidão e começou a falar. Estranhei por ele não ter entrado cantando.

— Boa noite! Quero agradecer a todos por virem. Hoje é uma data importante que jamais esquecerei. Está completando oito anos que uma pessoa me salvou. Vocês não devem estar entendo nada, vou tentar ser mais direto. Há alguns anos, fiz um show numa cidade próxima a esta e uma moça linda, maravilhosa, faleceu. O nome dela era Melina. Ela entrou em meu camarim para pedir um autógrafo – Adam parou de falar, as lágrimas não o deixavam continuar, todos na plateia ficaram comovidos. Demorou algum tempo até que ele se controlasse e voltasse a falar:

— E no momento em que ela entrou, salvou a minha vida. Eu estava prestes a cometer suicídio.

A multidão se exaltou inconformada com o que ouviu. Adam pediu silêncio para que pudesse continuar.

— Sei que estão curiosos, perguntando por qual motivo eu faria isso. Mas peço que, por favor, me deixem terminar, lhes asseguro que entenderão e, aí sim, poderão analisar e me julgar conforme a consciência de cada um. – fez uma pausa e continuou: — Durante muitos anos sofri com depressão, sentia uma tristeza imensa e achava que eu não era merecedor de tudo o que tinha. Sentia-me um fracassado, não profissionalmente, mas como pessoa. Não entendia como alguém podia fazer tanto sucesso e sentir-se tão vazio, tão só. Quando as cortinas da minha vida profissional se fechavam, muitas vezes eu não tinha vontade de sair e aproveitar meu tempo livre, simplesmente ficava em casa, queria me isolar de tudo e de todos. Eu era uma pessoa doente, não só fisicamente, mas também psicologicamente e até espiritualmente. Nunca me permiti expor meus medos e fracassos. Achava que tinha que ser perfeito para que todos continuassem a gostar de mim e isso foi me afundando, levando-me rumo ao abismo. Existiam dois Adams, um era perfeito, aquele que todos amavam. O outro, um pobre coitado que não conseguia amar nem a si próprio. Eu usava uma máscara representando o que o público queria, mas, por trás, estava arrasado. Contudo, aprendi que devemos expor nossos sentimentos de dentro para fora e não ao contrário. Entendi que eu tinha uma grande dificuldade de amar não só ao próximo, como a mim mesmo. Essa pessoa me ajudou a preencher o vazio que havia no meu coração e a superar a dificuldade de amar, mesmo depois de sua morte.

Continuou:

— A depressão é uma doença traiçoeira, me tirou a beleza da vida, o sono, a vontade de me alimentar. Ficava indiferente a tudo. Em alguns dias, eu acordava e desejava não sair da cama e queria que a noite chegasse logo para poder me isolar e dormir. Quando chegava a escuridão, o sono desaparecia e eu passava mais uma noite em agonia. Precisei tomar medicamentos, no início funcionavam, mas eu ficava dopado praticamente quase todo o tempo. Imaginem uma pessoa que dorme mal, não consegue se alimentar, triste, precisar aparecer na mídia sempre sorrindo. Às vezes, era difícil para os maquiadores conseguirem esconder as olheiras. Por fim, fiquei dependente de antidepressivos. Como vocês estão vendo não sou um super-herói, estou longe da perfeição. Sou um ser humano como qualquer outro, sujeito a medos e fraquezas. Aprendi que não devo esconder quem eu sou e nem quero mais. Meus fãs merecem a verdade e é isso que daqui pra frente darei a vocês.

A plateia estava em completo silêncio. Adam estava sendo muito corajoso se expondo. Temia que seus fãs o abandonassem, não o aceitassem.

— Vovó o que acontecerá com Adam? Será que todos lhe darão as costas, agora que sabem a verdade?

— Não se pode agradar a todos. Alguns se decepcionarão. Outros o amarão ainda mais por mostrar-se tão sincero. Pessoas que antes não gostavam dele admirarão sua franqueza e se tornarão fãs, mas o importante e principal é que as palavras dele salvarão muitos que estavam a ponto de cometer o suicídio e darão consolo e esperança a milhares que sofrem com depressão. Agora sim, ele está cumprindo a missão a qual se comprometeu.

Adam continuou:

— Agradeço a atenção e paciência com que ouviram minha história e queria terminar minha narrativa cantando uma música que está no meu novo CD, fiz para essa pessoa especial. Chama-se "Melina".

Fiquei emocionada novamente. Enquanto ele cantava, notava o brilho nos olhos dos que lá estavam e sentia uma vibração de carinho e admiração. Entretanto, a parte que me tocou profundamente foi quando vi meus pais subindo ao palco com uma menina. Era uma menina, minha irmã. Adam a pegou no colo e continuou a cantar. Percebi que naquele momento poderia me libertar do que ainda me prendia à Terra e aguardá-lo. Aqueles a quem amo estavam bem e o laço formado entre Adam e minha família era duradouro. Meus pais cuidariam dele. Olhei para a vovó e disse:

— Agora podemos ir embora, pois tenho forças para ficar em paz e aguardar o retorno do meu amor eterno.

Fim

Aliança

Edgard Armond

Sobreviventes salvos da Atlântida
preservam seus conhecimentos
destinado à posteridade.

14x21 cm | 96 páginas

14x21 cm | 128 páginas

Este livro narra interessantes aspectos da Lei da Reencarnação, do Carma e da Justiça Divina, acompanhando a trajetória de Espíritos afins desde os tempos dos continentes submersos da Lemúria e Atlântida, passando pela 18ª Dinastia do antigo Egito, até chegar aos dias atuais.

Aliança

Para receber informações sobre os lançamentos da Editora Aliança, cadastre-se no site:

www.aliancalivraria.com.br

Para saber mais sobre nosso títulos e autores, bem como enviar seus comentários sobre este livro, mande e-mail para:

atendimento@editoraalianca.com.br

Conheça mais da Aliança:

www.editoraalianca.com.br

www.facebook.com/pages/Editora-Aliança

www.twitter.com/editora_alianca